CHEZ LES MÊMES ÉDITEURS

ŒUVRES COMPLÈTES D'ÉMILE AUGIER

Format grand in-18, belle édition

CHAQUE PIÈCE SE VEND SÉPARÉMENT

	fr.	c.
GABRIELLE, comédie en 5 actes, en vers.	2 fr.	» c.
LA CIGUE, comédie en 2 actes, en vers.	1	50
L'AVENTURIÈRE, comédie en 5 actes, en vers.	1	50
L'HOMME DE BIEN, comédie en 3 actes, en vers	1	50
L'HABIT VERT, proverbe en 1 acte, en prose.	1	»
LA CHASSE AU ROMAN, comédie en 3 actes, en prose.	1	50
SAPHO, opéra en 3 actes.	1	»
DIANE, drame en 5 actes, en vers.	2	»
LES MÉPRISES DE L'AMOUR, comédie en 5 actes, en vers.	1	50
PHILIBERTE, comédie en 3 actes, en vers.	1	50
LA PIERRE DE TOUCHE, comédie en 5 actes, en prose.	2	»
LE GENDRE DE M. POIRIER, comédie en 4 actes, en prose.	2	»
CEINTURE DORÉE, comédie en 3 actes, en prose. . . .	1	50
LE MARIAGE D'OLYMPE, comédie en 3 actes, en prose.	1	50
LA JEUNESSE, comédie en 5 actes, en vers.	2	»

POÉSIES COMPLÈTES, 1 volume.	1	»

THÉÂTRE COMPLET

SIX VOLUMES IN-32 : 6 FRANCS

LA JEUNESSE

COMÉDIE

Représentée pour la première fois à Paris,
Sur le Second-Théâtre-Français (Odéon), le 6 février 1858.

PARIS. — IMPRIMERIE DE J. CLAYE, RUE SAINT-BENOIT, 7.

LA

JEUNESSE

COMÉDIE

EN CINQ ACTES ET EN VERS

PAR

EMILE AUGIER

de l'Académie française

—

DEUXIÈME ÉDITION

PARIS

MICHEL LÉVY FRÈRES, ÉDITEURS

RUE VIVIENNE, 2 BIS

—

1858

A

LA MÉMOIRE DE MES CHERS AMIS

CHARLES REYNAUD

ET

HENRI THENARD

PERSONNAGES

PHILIPPE HUGUET.	MM. FECHTER.
HUBERT.	TISSERANT.
JOULIN.	KIME.
MAMIGNON.	THIRON.
MADAME HUGUET.	Mmes LACRESSONNIÈRE.
MATHILDE.	PERIGA.
CYPRIENNE.	THUILLIER.
LE PIÉTON DE LA POSTE.	M. ÉTIENNE.
LE PORTIER.	
LA CUISINIÈRE.	
UN COMMISSIONNAIRE.	

La scène se passe de nos jours à Paris, chez madame Huguet, pendant les quatre premiers actes; à la campagne, au cinquième.

S'adresser, pour la mise en scène, à M. Poulet, souffleur au théâtre de l'Odéon.

LA JEUNESSE

ACTE PREMIER

Un salon fané chez madame Huguet. L'ameublement date de vingt ans. — A droite au fond, dans un pan coupé, la porte qui conduit à l'antichambre; au premier plan, sous tenture, celle qui conduit à la chambre de madame Huguet; dans le pan coupé de gauche, celle qui conduit aux autres pièces. — Cheminée au fond, entre deux fenêtres. A la droite de la cheminée, un grand canapé; à la gauche, un fauteuil Voltaire. — Au milieu du salon, une table ronde à dessus de marbre.

SCÈNE PREMIÈRE

MADAME HUGUET, CYPRIENNE.

Elles sont occupées à faire un bonnet d'après un modèle, et travaillent pendant toute la scène.

MADAME HUGUET.

Tâchons que mon bonnet soit fini pour dîner.

CYPRIENNE.

Gare à tes invités! tu vas les fasciner.
Mais le bonnet que t'a prêté madame Andelle
Est bien découragé de servir de modèle.

MADAME HUGUET.

Elle peut bien payer d'une coiffure ou deux
L'honneur d'être en commerce avec les Champsa...

Elle se retourne avec inquiétude.

CYPRIENNE.

Bleux.

Tu peux continuer : il n'est pas aux écoutes;
Il est sorti.

MADAME HUGUET.

Qui donc?

CYPRIENNE.

Celui que tu redoutes,
Ma tante.

MADAME HUGUET.

Tu fais là son éloge en un mot.

CYPRIENNE.

Ah! permets...

MADAME HUGUET.

Non! non! non! mon gendre n'est qu'un sot!
Ne prends pas son parti. Sa présence empoisonne
Les quinze jours par an que ma fille me donne.

CYPRIENNE.

S'est-il jamais permis un mot...?

MADAME HUGUET.

Non, mais ses yeux
Ont des regards taquins qui me sont odieux,
Moqueurs silencieux qu'on ne peut pas confondre!
Qu'il s'explique, mon Dieu! j'ai de quoi lui répondre.
Mon mari s'appelait Huguet, je le sais bien!
J'ai joint après sa mort mon nom de fille au sien :
Je suis de Champsableux, du chef de mon grand-père.

CYPRIENNE.

Il s'appelait Coquart!

MADAME HUGUET.

Mais il avait un frère,
Et pour se distinguer ils avaient pris tous deux
Des noms de métairie : Orpierre et Champsableux...
C'était l'usage alors parmi la bourgeoisie.
Tu vois donc que mon nom n'est pas de fantaisie,
Et les prétentions des nobles d'aujourd'hui
N'ont pas, pour la plupart, d'autre titre à l'appui.
D'ailleurs c'est pour mon fils, non par sotte faiblesse,
Que je me pare ainsi d'un semblant de noblesse ;
Car l'ombre même en est une protection,
Oui, mon enfant, malgré la révolution !
On a d'abord traité gaîment ma particule ;
Mais tout passe à Paris, même le ridicule ;
Et lassant les rieurs, qui n'ont pu la lasser,
La voilà qui commence enfin à me classer.
Que répondrait mon gendre à cela, je te prie ?
Rien de bon, quelque froide et vieille raillerie
Propre à ces roturiers de jugement tortu,
Pour qui noblesse est vice et roture vertu.
Au surplus, son avis vaut-il tant que j'y tienne ?
J'ai l'approbation de mon fils, j'ai la tienne,
N'est-il pas vrai ?

CYPRIENNE.

La mienne est de si peu de poids !

MADAME HUGUET.

Qu'entends-tu par ces mots ? L'ai-je ou non, une fois ?

CYPRIENNE.

Mon Dieu, ma bonne tante...

MADAME HUGUET.

Est-ce que tu me blâmes?

CYPRIENNE.

Te blâmer? N'es-tu pas la meilleure des femmes?
Quand je me voyais seule au monde avec effroi
Ne m'as-tu pas reçue orpheline chez toi,
Et ne m'as-tu pas fait, adoptant ma détresse,
Plus qu'une part de nièce en ta chère tendresse?

MADAME HUGUET.

Tu veux en câlinant te tirer d'embarras.
Tu me blâmes donc bien?

CYPRIENNE.

Ne me consulte pas;
Je suis un mauvais juge.

MADAME HUGUET.

Allons! quand je t'en prie!

CYPRIENNE.

Non, je pousse l'horreur de la supercherie,
Vois-tu, jusqu'à blâmer ce bonnet d'avoir l'air,
Tout en ne coûtant rien, de te coûter très-cher.

MADAME HUGUET.

Mon Dieu, ma chère enfant, lorsque l'on n'est pas riche,
Pour soutenir son rang il faut bien que l'on triche.
Mes petits procédés, qui n'ont rien de romain,
Ont aidé ton pauvre oncle à faire son chemin.
Serait-il devenu, d'humble surnuméraire,
Chef de division au bout de sa carrière,
S'il n'eût toujours mené, grâce à ma gestion,
Un train d'homme au-dessus de sa position?

Car pour un employé rien n'est plus efficace
Que de n'avoir pas l'air de vivre de sa place;
Ses protecteurs n'ont pas l'espoir de l'asservir
Et le servent d'autant qu'ils croient moins le servir.
Une femme peut seule opérer ce miracle!
Mon industrie ainsi nous eût mis au pinacle,
Si la mort de ton oncle, en une heure enlevé,
N'eût détruit l'édifice encore inachevé.
Mais comme la fourmi que rien ne décourage,
Je me suis aussitôt remise à mon ouvrage,
Et j'ai recommencé sur-le-champ pour le fils
Ce que pendant vingt ans pour le père je fis.

CYPRIENNE.

Mais ton point de départ est plus haut, je suppose?

MADAME HUGUET.

Mon Dieu! la différence, en somme, est peu de chose.
Nous avions eu chacun cinquante mille francs,
Moi de ma dot, Huguet du bien de ses parents;
Après les miens, j'en eus encore autant; ajoute
Une épargne à peu près égale; somme toute,
C'est deux cent mille francs que mes enfants et moi
Eûmes à partager après sa mort: sur quoi
Ma fille a pris sa dot. — Ta petite fortune
Est venue, il est vrai, combler cette lacune;
Mais tu l'emporteras avec toi tôt ou tard,
Je ne la compte pas. Donc les points de départ
Se valent, car Huguet gagnait la différence,
Et Philippe ne vit encore que d'espérance.
Seulement il nous reste un ménage monté,
Un mobilier...

CYPRIENNE.

Qui touche à sa majorité.

MADAME HUGUET.

J'en conviens; mais cela n'a pas mauvaise mine,
Marquant à notre luxe une ancienne origine.
Qu'il dure seulement, ce brave mobilier,
Jusqu'à ce que mon fils trouve à se marier.

CYPRIENNE.

Philippe y pense-t-il?

MADAME HUGUET.

Pas encore, j'espère;
Il faut d'abord chercher une riche héritière.

CYPRIENNE, à part.

Hélas!

MADAME HUGUET.

Nous trouverons. Dieu sait quand et comment;
Mais j'ai foi. Dieu me doit ce dédommagement.

CYPRIENNE.

De quoi?

MADAME HUGUET.

Comment de quoi? du tort qu'à la famille
A fait le mariage absurde de ma fille.

CYPRIENNE.

N'est-elle pas heureuse?

MADAME HUGUET.

Heureuse! oui, parlons-en!
Ma propre fille heureuse avec un paysan?
Est-ce que c'est possible? Heureuse à la campagne,

En hiver, loin de tout, au fond de la Champagne...
Pouilleuse!

CYPRIENNE.

Tous les ans elle vient à Paris.

MADAME HUGUET.

Pour quinze jours.

CYPRIENNE.

Elle a le meilleur des maris.

MADAME HUGUET.

Il faudrait voir qu'il eût un mauvais caractère,
Ce monsieur qui n'est bon qu'à cultiver la terre!

CYPRIENNE.

Tu ne t'y connais plus, ma tante! il est charmant.

MADAME HUGUET.

Avant d'être un lourdaud, c'était un garnement,
Un mauvais employé sans aucune aptitude,
Rempli d'impertinence et d'inexactitude,
Qu'Huguet portait à dos...

CYPRIENNE.

Qu'il aimait cependant.

MADAME HUGUET.

Qu'il aimait!... s'il eût pu prévoir que l'impudent
A la main de sa fille osât un jour prétendre...
Mais j'ai tort d'en parler; c'est fait, il est mon gendre!
Mathilde était majeure et je n'y pouvais rien.
Le mariage a-t-il amendé le vaurien?
Je l'espérais. Mais non! Sa place était petite,
Et proportionnée enfin à son mérite:
Il n'a pas même su la garder! il s'est fait

Un beau jour renvoyer pour un dernier méfait...

CYPRIENNE.

Un cartel à son chef.

MADAME HUGUET.

Oui. Quelle inconvenance!

CYPRIENNE.

Son chef n'avait-il pas dit une impertinence?

MADAME HUGUET.

Qu'importe! quand on a trois enfants à nourrir,
Ne doit-on pas baisser la tête et tout souffrir?

CYPRIENNE.

C'est pour donner du pain à ces enfants qu'il aime
Qu'il a pris le parti de le semer lui-même;
Et de personne ainsi n'étant le courtisan...

MADAME HUGUET.

Enfin, comme son père, il s'est fait paysan.

CYPRIENNE.

Le grand mal? cultivant le bien héréditaire,
Il vit comme un seigneur, libre et fier, sur sa terre.

MADAME HUGUET.

C'est ce que je réponds quand on parle de lui;
Mais je n'en ressens pas dans le fond moins d'ennui.

CYPRIENNE.

En un mot tu l'as pris en grippe.

MADAME HUGUET.

Outre mesure!
Tout en lui me déplaît, m'agace... je suis sûre
Qu'il va redemander des truffes à dîner.

CYPRIENNE, montrant le bonnet modèle qu'elle a fini d'arranger.

Madame Andelle au moins pourra te pardonner;
Son bonnet a repris une espèce de forme.

SCÈNE II.

LES MÊMES, PHILIPPE, entrant par la porte de droite. Il jette son portefeuille et son chapeau sur un meuble et s'assied sur le canapé.

MADAME HUGUET.

D'où viens-tu?

PHILIPPE.

Du palais, parbleu! de dessous l'orme
Où j'attends tous les jours mon superbe avenir.

MADAME HUGUET.

Rien encor?

PHILIPPE.

Rien du tout! je ne vois rien venir.

MADAME HUGUET.

Patience!

PHILIPPE.

Oui, le baume à toutes les blessures!
Depuis bientôt trois ans que j'use mes chaussures
Dans la salle des pas perdus... quel nom fatal!
Poursuivant sans l'atteindre un client idéal,
J'ai gagné neuf cents francs sans compter les centimes
A plaider la broutille et défendre les crimes!
Mais quant au vrai client... qui paie, au vrai chaland,
Je l'ignore, et pourtant j'ai beaucoup de talent.

Il se lève.

CYPRIENNE.

Certe! et la modestie au talent intéresse.

PHILIPPE.

Allons donc! c'est un luxe, un genre de paresse
Propre à ceux dont l'orgueil entouré de prôneurs
Pour se servir lui-même a trop de serviteurs.
Mais le mien, qui n'est pas encore un personnage,
En est réduit, ma chère, à faire son ménage :
Et j'entends désormais qu'il le fasse avec soin,
Car je commence à voir que j'en ai grand besoin.

CYPRIENNE.

Plaisantes-tu ?

PHILIPPE.

Non pas! toutes les modesties
Et toutes les pudeurs je les jette aux orties;
Robe chaste et traînante, attirail d'embarras,
Où le marcheur se prend les pieds à chaque pas.
A partir d'aujourd'hui, morbleu! je me retrousse,
J'entre dans la cohue à corps perdu, je pousse,
M'accroche, me faufile et rampe s'il le faut...
Quitte à me redresser en arrivant en haut.

MADAME HUGUET.

Il ne faut pas ramper : c'est une maladresse.

CYPRIENNE.

Tu veux répudier la foi de ta jeunesse?

PHILIPPE.

La jeunesse? aujourd'hui, ma chère, où la prends-tu?
C'est un mot.

CYPRIENNE.

Un beau mot qui veut dire vertu,

Désintéressement, courage, conscience...

PHILIPPE.

Oui, tant qu'il signifie en outre insouciance,
Mais qui change de sens dès qu'on se donne un but,
Et signifie alors impuissance et début!
Alors son culte voit déserter ses apôtres,
Et c'est là que j'en suis... Je fais comme les autres.

CYPRIENNE.

Pauvre Philippe!

MADAME HUGUET.

Il est dans le vrai : seulement
La chose est inutile à dire aussi crûment.

PHILIPPE.

Pourquoi donc m'en cacher? après tout, que la honte,
S'il en est là dedans, à sa source remonte!
Je m'en lave les mains, moi! je n'y suis pour rien!
C'est le vice du siècle, en somme, et non le mien!
Des excès de l'argent voilà ce qui résulte :
Dès l'âge de raison on nous dresse à son culte,
Et dans le monde ainsi nous entrons convaincus
Qu'il n'est rien ici-bas de vrai que les écus!
Quand on a de richesse enfiévré tous nos rêves,
On nous glace au réveil par ces paroles brèves :
« Tâche de n'avoir plus besoin de tes parents;
« Ils n'ont pas trop pour eux du pain que tu leur prends. »
Et nous mettant aux mains un diplôme, arme vaine,
On nous pousse au milieu de la mêlée humaine,
Apres, seuls, impuissants, à percer résolus...
Et l'on s'étonne après que nous ne dansions plus!

MADAME HUGUET.

Danser est quelquefois très-utile.

CYPRIENNE.

Il me semble
Qu'on pourrait être jeune et sérieux ensemble;
Songer, puisqu'il le faut, à gagner de l'argent,
Mais par le travail seul et non par l'entregent.

PHILIPPE.

Alors fais nous, ma chère, un monde où le mérite
Se fasse jour lui-même et perce tout de suite.

CYPRIENNE.

Êtes-vous si pressés?

PHILIPPE.

Oui, car nous sommes prêts.
A qui la faute? à ceux qui hâtent nos apprêts.
On nous bourre l'esprit d'études; on le vide
De tout ce qu'il pouvait contenir de candide;
Aux plaisirs de notre âge on nous fait dire adieu,
Ranger notre cervelle, éteindre notre feu;
Et nos paquets finis, nos passe-ports en poche :
« Ce n'est pas aujourd'hui, Messieurs, que part le coche;
« Repassez demain soir. » Et si le voyageur
Prend un bidet de poste, on le trouve rageur.
Quelle plaisanterie! — à cheval, mon bonhomme,
Et pique devant toi! tout chemin mène à Rome.

CYPRIENNE.

O Philippe! comment, toi que j'ai connu fier,
Courageux et loyal, toi qui l'étais hier...

PHILIPPE.

Tu me flattes, j'etais simplement imbécile.

CYPRIENNE.

Que la plaisanterie est triste et puérile,
Quand tu mets de tes mains ta jeunesse au linceul!
Quel rêve peut valoir ce sacrifice?

PHILIPPE.

Un seul.
Oui, je mets au tombeau ma jeunesse blêmie;
Mais comme Juliette, elle n'est qu'endormie,
Et son sommeil de plomb la garde à Roméo.

MADAME HUGUET.

Quel galimatias!

PHILIPPE.

Je parle à mon écho.
Qu'il porte mon message à l'oreille inquiète
De quiconque prendrait le deuil de Juliette.
Roméo, s'il existe, en fera son profit.

MADAME HUGUET, à Cyprienne.

Comprends-tu?

CYPRIENNE, se levant.

Non, je vais dans ma chambre.

PHILIPPE, à part.

Il suffit.

Cyprienne sort.

SCÈNE III.

PHILIPPE, MADAME HUGUET.

MADAME HUGUET.

Que nous chantes-tu donc?

PHILIPPE.

Rien du tout... des bêtises.
Aurons-nous à dîner des choses très-exquises?
Voilà la question.

MADAME HUGUET.

Des truffes; mais tu sais...

PHILIPPE.

Je ne les aimerai que s'il en reste assez.
As-tu pris chez Chabot un aspic de laitance?

MADAME HUGUET.

Ma foi, non, c'est trop cher.

PHILIPPE.

Pas pour la circonstance,
Diable! monsieur Joulin est un homme à soigner.

MADAME HUGUET.

Je sais bien un moyen plus sûr de le gagner.

PHILIPPE.

Et lequel?

MADAME HUGUET.

Ce serait de recevoir sa femme.

PHILIPPE.

Ah! non! C'est bien assez de Monsieur sans Madame.
Personne ne la voit,

MADAME HUGUET.

C'est justement pourquoi,
Si nous donnions l'exemple, il serait tout à toi.

PHILIPPE.

Mais il a renoncé lui-même à la produire.

MADAME HUGUET.

Oui, jusqu'à ce qu'il trouve accès pour l'introduire.
Il cherche un patronage appuyé d'un beau nom,
Et c'est sur nous qu'il a jeté les yeux.

PHILIPPE.

Eh, non!

MADAME HUGUET.

Sois sûr que c'est le prix qu'il met à ses services.

PHILIPPE.

En tout cas je suis prêt à bien des sacrifices,
Dont ma candeur imberbe aurait jadis frémi,
Mais pas à celui-là.

MADAME HUGUET.

Pourquoi donc, mon ami
Ne coudoyons-nous pas tous les jours dans le monde
Des femmes contre qui la médisance abonde?

PHILIPPE.

Mais on ne fait pas même à madame Joulin
L'honneur du mot couvert et du propos malin:
On en parle tout haut. Tout Paris l'a connue
Maîtresse de Joulin, maîtresse entretenue
De Joulin marié, qu'elle grugeait très-bien,
Et qui, veuf, l'épousa pour rattraper son bien.

MADAME HUGUET.

S'il était vrai, Joulin ne vaudrait pas mieux qu'elle,
Et tu ne devrais rien accepter de son zèle.
— Une bonne habitude à prendre est de ne point
Penser de mal des gens dont nous avons besoin.
— Pour madame Joulin, moi, je vois qu'elle signe
Le nom d'un honnête homme et veux l'en croire digne;
Quel que soit son passé, rien n'en reste debout;
Le mariage a fait table rase de tout;
Et pour le demeurant si quelque chose y cloche,
L'indulgence est le droit des femmes sans reproche,
C'est le mien.

PHILIPPE.

Tu diras tout ce que tu voudras,
C'est une lâcheté que je ne ferai pas.
Je ne veux exposer ni ma sœur ni ma mère
Au contact flétrissant de cette aventurière.

MADAME HUGUET.

Ta sœur part dans huit jours, et moi j'ai cinquante ans.

PHILIPPE.

Et ta nièce? — En un mot, je ne veux pas.

MADAME HUGUET.

J'entends.

PHILIPPE.

D'ailleurs, monsieur Joulin n'y songe pas lui-même,
Et nous le séduirons sans ce moyen extrême.

MADAME HUGUET.

C'est ton seul protecteur, mon enfant; songes-y,
Et ne le laisse pas échapper.

SCÈNE IV.

Les Mêmes, HUBERT, MATHILDE, entrant par la droite, puis CYPRIENNE par la gauche.

MATHILDE.

Nous voici,

Maman, très-fatigués.

MADAME HUGUET.

T'es-tu bien amusée?

MATHILDE.

Énormément. Hubert m'a montré le Musée.

HUBERT.

Qu'à ma grande surprise elle n'avait pas vu,
Tant le Parisien d'apathie est pourvu
Pour toutes les beautés de sa ville immortelle!
Je voudrais bien savoir ce qu'il adore en elle,
Et comment il n'est pas pour le Parisien
De salut hors Paris, dont il ne connaît rien.

MADAME HUGUET.

Si c'est à moi que va cette fine satire...

HUBERT.

Non, madame, non pas, diable! Je la retire.
— Va-t-on bientôt dîner? Je meurs de faim

MADAME HUGUET, à part.

Toujours

Entre Cyprienne.

HUBERT.

l'honneur de quel saint, cousine, tant d'atours?

MATHILDE.

Tu sais bien que maman a du monde.

HUBERT.

C'est juste.

MADAME HUGUET.

Vous me faites songer qu'il faut que je m'ajuste.

Elle sort.

HUBERT, à Philippe.

Mets-moi donc au courant des convives, mon cher;
Que je ne dise pas de paroles en l'air.

PHILIPPE.

L'un, monsieur Mamignon, ex-entrepositaire
De l'Inde, maintenant quasi millionnaire...

HUBERT.

Bon vieillard!

PHILIPPE.

Qui te dit que ce soit un vieillard?

HUBERT.

Son million, parbleu!

MATHILDE, à Philippe.

Hubert est en retard:
Il attribue encor l'amour à la jeunesse,
Les soins à l'âge mûr, l'argent à la vieillesse.
Il vit toujours d'après les anciens almanachs...
Cher homme primitif! ne comprendras-tu pas
Que l'ordre des saisons, dans le siècle où nous sommes,
Comme pour la nature est changé pour les hommes?

HUBERT.

On a tant déboisé, de fait, tant cultivé,

Qu'en ce pauvre univers on a tout dépravé!
— Quel âge peut avoir ton jeune homme en retraite?

PHILIPPE.

Quarante ans environ.

HUBERT.

Et sa fortune est faite?
Que sa jeunesse a dû joyeusement passer,
Et quel parfum charmant dans son âme laisser!

PHILIPPE.

Ne t'en moque pas tant; moi, je lui porte envie.
Le voilà libéré des ennuis de la vie;
Il n'a plus à songer maintenant qu'à jouir
Et dans son opulence il peut s'épanouir.

HUBERT.

La jeunesse te semble, à ce compte, un légume
Que l'on peut comprimer sous un mince volume,
Et qui remis dans l'eau deux ou trois ans après
Pourra s'épanouir et se retrouver frais?
Gageons que ton monsieur Mamignon sent le rance.

PHILIPPE.

Je ne l'ai pas senti, mais j'en crois l'apparence:
Il s'amuse beaucoup, oui! loge à l'Opéra,
Grande chère, chevaux... et les *et cætera.*

MATHILDE.

Enfin il a gagné de quoi faire l'emplette
D'une félicité bien montée et complète.

CYPRIENNE.

Il n'a rien épargné pour meubler ses loisirs:
Seulement il n'a pas les clefs de ses plaisirs.

Il a cru qu'il suffit en fermant sa boutique
D'aller à l'Opéra pour aimer la musique,
D'avoir des gants glacés pour s'amuser au bal,
Des chevaux de pur sang pour monter à cheval...
Si bien que le pauvre homme a l'air d'une âme en peine
Dans le luxe au milieu duquel il se promène.

HUBERT.

Bref, ses goûts ont manqué leur éducation
Et restent au-dessous de sa position.
Voilà comme et pourquoi maint parvenu s'ennuie.
— Il doit être ennuyeux le tien ?

CYPRIENNE.

Comme la pluie.

HUBERT, à Philippe.

Qu'en fais-tu?

PHILIPPE.

Tais-toi donc. Il est cousin germain
D'un administrateur du chemin de Louvain :
Et la route par lui pourra m'être aplanie
Au poste d'avocat près de la compagnie.

HUBERT.

Est-ce un poste important?

PHILIPPE.

Ce serait mon salut!
Le pied à l'étrier!

La porte de droite s'ouvre, et un domestique en habit noir, cravate blanche et gants de coton blanc, reste sur le seuil.

HUBERT.

Tiens, c'est le portier.

PHILIPPE.

Chut!

Entre madame Huguet.

LE PORTIER, annonçant.

Monsieur de Mamignon, — Monsieur de Joulin.

HUBERT, bas à Mathilde.

Peste!

La noblesse se gagne ici comme la peste.

SCÈNE V.

Les Mêmes, MAMIGNON et JOULIN.

MADAME HUGUET, donnant la main aux deux convives.

Voilà des gens exacts!

MAMIGNON.

Chez vous, nulle autre part.

JOULIN.

Ici, c'est se voler que se mettre en retard.

MADAME HUGUET.

Charmant. — Vous allez faire un dîner de famille,
Messieurs. Je vous présente et mon gendre et ma fille.

JOULIN.

Cette surprise a droit à nos remercîments,
Et nous sommes heureux.....

MADAME HUGUET.

Trêve de compliments,
Messieurs; asseyons-nous.

On s'assied.

JOULIN, à Hubert.

Vous habitez vos terres,
Monsieur?

HUBERT.

Je n'en ai qu'une.

MADAME HUGUET.

Il fait comme ses pères.

HUBERT.

Ah! ne le mettez pas non plus au pluriel.

MADAME HUGUET.

Mon gendre a de l'esprit.

JOULIN.

Un péché véniel.

PHILIPPE.

Heureusement pour tous.

JOULIN.

L'avocat m'amadoue.

HUBERT.

Monsieur est magistrat?

JOULIN.

Avoué, je l'avoue.
Pardon du jeu de mots.

PHILIPPE.

J'en sais de plus mauvais.

JOULIN.

Je voudrais bien savoir lesquels?

PHILIPPE.

Ceux que je fais.

JOULIN.

Détestable flatteur, présent le plus funeste
Que fasse aux avoués la colère céleste!

MADAME HUGUET.

Ce serait un flatteur platonique en tous cas,
Car, vous en conviendrez, vous ne le gâtez pas.

JOULIN.

Croyez-vous que je fais tout ce que je veux faire?
Aux ordres du client il faut que je défère;
S'il s'en rapporte à moi du choix d'un avocat
Mon rôle à son égard devient très-délicat;
Je ne puis disposer en faveur d'un jeune homme
Que des rebuts piteux de ceux que l'on renomme.

PHILIPPE.

C'est-à-dire en un mot qu'en ce temps saugrenu
Pour se faire connaître il faut être connu.

JOULIN.

Le cercle est vicieux, c'est vrai.

MADAME HUGUET.

Quel parti prendre?

JOULIN.

Compter sur le hasard, être aux aguets...

PHILIPPE.

Attendre!

JOULIN.

Nous pouvons quelquefois disposer d'un procès
Petit par l'honoraire et grand par le succès,
Qui soulève aux débats des questions brillantes
A propos de valeurs presque insignifiantes.

PHILIPPE.

C'est un coup de partie un semblable début.
Morbleu! je donnerais dix ans pour qu'il m'échût!

MADAME HUGUET, à Joulin.

Ne trouverez-vous pas moyen qu'il vous le doive?

MAMIGNON, à part.

Je ne dis rien... J'ai peur qu'on ne s'en aperçoive.

JOULIN.

Je le voudrais... mais quoi! ce n'est pas très-commun,
Ce genre de procès. J'en ai cependant un.....
Une captation de testament étrange.

MADAME HUGUET.

Ce cher monsieur Joulin! il est notre bon ange.

JOULIN.

Hélas! mon bon vouloir pour Philippe est bridé:
Ma femme me tourmente, et me l'a demandé
Pour le fils d'une amie intime.

MADAME HUGUET, regardant Philippe qui baisse les yeux.

C'est trop juste.

JOULIN.

Le jeune homme n'a pas l'épaule très-robuste;
Mais ma femme est têtue, et ce que femme veut
Madame, vous savez fort bien...

MADAME HUGUET.

Qu'elle le peut...
Et surtout quand elle est de son seigneur et maître
Si tendrement aimée et si digne de l'être...
Car madame Joulin est charmante, dit-on.

JOULIN.

Elle a surtout l'esprit modeste et le cœur bon.

MADAME HUGUET.

Je me plains d'en parler encor par ouï-dire.

JOULIN.

Elle n'est pas beaucoup d'humeur à se produire.

MADAME HUGUET.

Mais sans la prodiguer il vous serait permis
De la faire connaître à vos meilleurs amis.
Je me croyais du nombre, et suis fort dépitée
De voir que je m'étais mal à propos flattée.

JOULIN.

Vous me mettez, madame, à la confusion.
Je n'ai péché d'ailleurs que par discrétion;
Mais je veux réparer mes torts, et je m'engage
A vous mener demain ma petite sauvage.

MADAME HUGUET.

A la bonne heure; ainsi l'on peut vous pardonner.

MAMIGNON, *à part.*

Ne placerai-je pas un mot avant dîner?

HUBERT.

Comme Philippe est pâle!

PHILIPPE.

Un peu de névralgie.

JOULIN.

Cela passe en mangeant.

MAMIGNON.

L'eau.....

LE PORTIER, ouvrant la porte de gauche.

Madame est servie.

MAMIGNON.

L'eau sédative...

MADAME HUBERT, à Mamignon.

Allons, offrez-moi votre bras.

MAMIGNON.

Oui, comme le grand roi, le dîner n'attend pas.

A part.

J'ai dit mon mot.

Il donne le bras à Madame Hubert, Joulin à Mathilde, Hubert à Cyprienne. Ils sortent. Philippe reste seul un moment.

PHILIPPE.

N'importe! il faut que je parvienne!
Mon but est mon excuse... O chère Cyprienne!

Il sort. La toile tombe.

FIN DU PREMIER ACTE.

ACTE DEUXIÈME

Même décoration.

SCÈNE PREMIÈRE.

CYPRIENNE, MATHILDE.

MATHILDE.

Sais-tu que nous avons doublé notre séjour,
Allongeant la courroie ainsi de jour en jour?

CYPRIENNE.

Ton mari, n'ayant plus d'affaire qui l'arrête,
Est gentil de rester pour souhaiter la fête
A ma tante.

MATHILDE.

Ajoutons que c'est la tienne aussi,
Et qu'à le retenir j'aurais moins réussi
Si maman par bonheur n'était pas ta marraine,
Car il t'aime beaucoup, petite Cyprienne.

CYPRIENNE.

Et je le lui rends bien! quel cœur intact et chaud!
Quel bon sens généreux! quel esprit droit et haut!
Quel tranquille dédain sans faste et sans grimace
De tout ce que la foule en se baissant ramasse!

MATHILDE, l'embrassant.

Es-tu gentille, va! — C'est vrai qu'à quarante ans
Il est plus jeune encor que tous nos jeunes gens.

Il fait un beau contraste avec monsieur mon frère !

CYPRIENNE, *d'un ton de reproche.*

O Mathilde !

MATHILDE.

Quoi donc ! diras-tu le contraire ?
Philippe t'a-t-il l'air d'un héros de roman ?
Il est bien, celui-là, l'élève de maman !

CYPRIENNE.

Hélas !

MATHILDE.

La pauvre femme a cru faire merveille
De verser la prudence en cette jeune oreille ;
Et ne comprenant pas que ce cœur incertain
Avait plutôt besoin d'être allumé qu'éteint,
Elle s'est empressée à grand renfort de pompes...

CYPRIENNE, *très-vivement.*

Tu te trompes, Mathilde, oh ! certes, tu te trompes !
Philippe est violent, plus violent qu'Hubert
Peut-être, et c'est par là justement qu'il se perd.
Mais ce n'est pas une âme aux lâchetés sujette !
Elle n'y glisse pas, regarde ! elle s'y jette !
Il semble qu'au sommet lasse de se roidir
Elle se précipite afin de s'étourdir,
Et qu'à son idéal renonçant avec rage
Sa fureur contre lui se retourne et l'outrage...
Mais cet emportement, le mépriseras-tu ?
C'est la jeunesse encor, c'est encor la vertu...
C'est sa convulsion, si tu veux, mais qu'importe ?
Elle en peut revenir, tant qu'elle n'est pas morte.

MATHILDE.

Cyprienne?

CYPRIENNE, baissant les yeux sous le regard de Mathilde.

Quoi donc?

MATHILDE, lui prenant la main et l'attirant à elle.

Et lui, t'aime-t-il?

CYPRIENNE, très-bas

Oui.

MATHILDE.

Alors il ne faut pas désespérer de lui.
J'en crois l'amour qu'il sent et celui qu'il inspire.
Mais pourquoi n'as-tu point usé de ton empire
Pour ramener au bien son esprit égaré?
Il n'est si bon sermon que d'un jeune curé.

CYPRIENNE.

Hélas! sa grande hâte aux chemins de traverse,
Cette ardeur d'arriver haletante et perverse,
J'en suis la cause.

MATHILDE.

Toi?

CYPRIENNE.

Puisque j'en suis le but.

MATHILDE.

Et tu reçois à gré ce singulier tribut?

CYPRIENNE.

Le crois-tu? non! Je suis humiliée et triste
De la métamorphose à laquelle j'assiste.
L'insensé! comme il joue avec notre bonheur

Quand pour nous enrichir il s'appauvrit le cœur,
Comme si la richesse et le luxe suprême
N'étaient pas de pouvoir admirer ce qu'on aime!

MATHILDE.

Hé bien, dis-lui cela.

CYPRIENNE.

Je n'ose pas.

MATHILDE.

Pourquoi?

CYPRIENNE.

Depuis que j'ai compris ses sentiments pour moi,
Je ne sais quelle honte intimide mon blâme...
Mais je crains d'avoir l'air de me croire sa femme,
Et mes anciens, mes doux priviléges de sœur
Ainsi qu'une caresse à présent me font peur.

MATHILDE.

Ne vous êtes-vous pas engagés l'un à l'autre?

CYPRIENNE.

Il ne m'a pas encore parlé.

MATHILDE.

Le bon apôtre!
Que ne te parle-t-il? qu'a-t-il à ménager?
Ne vois-tu pas qu'il craint déjà de s'engager,
Et qu'il admet le cas où pour être plus leste
Il lui faudra jeter l'amour comme le reste?

CYPRIENNE.

Non, tu lui fais injure.

MATHILDE.

Alors il parlera.

CYPRIENNE.

Quoi! veux-tu le forcer à s'expliquer?

MATHILDE.

Oui-da.

Que je le calomnie ou non, rompons la glace,
Soit pour guérir ton cœur et le remettre en place,
Soit pour te donner droit de crier casse-cou
Sur la pente fatale où court ce pauvre fou.
— Repose-toi sur moi de ta dignité sauve.

LA CUISINIÈRE, entre-bâillant la porte.

C'est monsieur Mamignon.

MATHILDE.

Mon adorateur chauve.

Faites entrer. — Tu fuis?

CYPRIENNE.

Je ne suis pas en train
De causer.

MATHILDE.

Va chez toi dorloter ton chagrin.

Cyprienne sort par la gauche. Mamignon entre par la droite.

SCÈNE II.

MATHILDE, MAMIGNON.

MAMIGNON, à part.

Seule!

MATHILDE.

Bonjour, monsieur.

MAMIGNON, *à part.*

C'est un coup de partie!

Haut.

Madame votre mère est, m'a-t-on dit, sortie;
Mais cela ne m'a pas empêché de monter,
Au contraire!

A part.

Voilà lestement débuter.

MATHILDE.

Vous êtes plus poli pour moi que pour ma mère,
Savez-vous?

MAMIGNON.

Ce n'est pas que je ne la vénère;
Mais le respect n'est rien auprès...

MATHILDE.

Quel temps fait-il?

MAMIGNON.

Très-froid.

MATHILDE.

Voyez un peu! nous sommes en avril!
Chauffez-vous donc.

MAMIGNON.

Merci. — J'avais l'honneur de dire
Que le respect n'est rien...

MATHILDE.

Il n'en faut pas médire;
C'est un bon sentiment.

MAMIGNON.

Mais bien froid, bien banal
Auprès...

MATHILDE.

Auprès de quoi ?

MAMIGNON.

De l'amour...

Elle le regarde ; il ajoute en baissant les yeux.

filial.

MATHILDE, souriant.

Ils sont proches parents.

MAMIGNON, à part.

Brute ! animal timide !

MATHILDE.

Ils devraient l'être au moins ; mais par ce temps...

MAMIGNON, troublé.

Humide

Madame, très-humide.

MATHILDE.

Approchez-vous du feu.

MAMIGNON, se chauffant avec fureur, à part.

Je n'oserai jamais lui faire mon aveu.

MATHILDE, à part.

Pourquoi se chauffe-t-il ? Pauvre homme ! il est en nage
Tant sa timidité lui tient chaud.

MAMIGNON, à part.

A mon âge !
Lorsque je la tiens là, seule, sans importun !
Non, morbleu ! je me dois...

Prêtant l'oreille.

Enfin, voilà quelqu'un.
Ce n'est plus de ma faute à présent, on me gêne !

SCÈNE III.

LES MÊMES, PHILIPPE.

PHILIPPE.

Ah! monsieur Mamignon! Quel bon vent vous amène?

MAMIGNON.

La démarche, mon cher, dont vous m'avez requis.
Je quitte mon cousin; il vous est tout acquis.

PHILIPPE.

Je reconnais bien là vos bontés ordinaires.

MAMIGNON.

Seulement, il doit compte à ses actionnaires.
Le choix d'un avocat touche à trop d'intérêts
Pour que la faveur seule en fasse tous les frais,
M'a-t-il dit, et j'attends que ton protégé plaide
Un procès dont l'éclat ici me vienne en aide.

PHILIPPE.

Et le procès scabreux que m'a donné Joulin,
Ne l'ai-je pas gagné l'autre jour tout en plein?

MAMIGNON.

Il vous a fait honneur au palais, je n'en doute;
Mais il n'est pas de ceux que le public écoute,
Car son indifférence est un genre d'huis-clos
Acquis à tout débat dont l'enjeu n'est pas gros.

PHILIPPE.

Que faire?

MAMIGNON.

Adressez-vous à votre Providence,

A Joulin, qui peut seul vous mettre en évidence;
Mon cousin m'a promis de réserver vos droits:
Il faut quatre avocats, il n'en nomme que trois.
Vous n'êtes qu'ajourné.

MATHILDE, à part.

Le voilà dans sa sphère.
Il ne parle pas mal, quand il parle d'affaire.

PHILIPPE.

Patience! et merci.

Il lui serre la main.

MAMIGNON.

Bah! je suis de loisir,
Et les commissions pour moi sont un plaisir.
C'est tout profit : je rends service et le temps passe...
Ainsi madame m'a l'autre jour fait la grâce
De vouloir le roman nouveau... Donc, le voici.

Il tire un livre de sa poche.

MATHILDE.

Je l'avais oublié moi-même. Grand merci.

MAMIGNON.

Il est un peu gaillard.

MATHILDE.

Je ne suis pas bégueule.

MAMIGNON, bas.

Vous lirez le dernier chapitre toute seule.
Toute seule, il le faut.

MATHILDE, à part.

Pourquoi?

MAMIGNON, à part.

C'est étonnant
Comme devant un tiers je suis entreprenant.

SCÈNE IV.

LES MÊMES, HUBERT, par la droite.

MAMIGNON, à part.

L'époux !

HUBERT.

Bonjour, monsieur.

MATHILDE, à Hubert.

Hé bien ?

HUBERT.

Salle complète ;
Tout est loué. Ma foi, tant pis pour *le Prophète ;*
Nous ne l'entendrons pas.

MAMIGNON.

Vous désiriez la voir,
Monsieur ? J'ai justement ma loge pour ce soir,
Heureux de la pouvoir mettre à votre service.
On dit le plus grand bien de la nouvelle actrice.

HUBERT.

Mille fois bon, monsieur ; mais je ne voudrais pas
Vous priver...

MAMIGNON.

Laissez donc ! ce m'est un débarras...
Je veux dire par là que j'ai certaine affaire

Sur laquelle ce soir il faut que je confère,
Et qui même m'oblige à vous quitter.

PHILIPPE.

Déjà?

MAMIGNON.

Voici votre coupon; allez à l'Opéra.

HUBERT.

Puisque vous le voulez...

MAMIGNON.

Seulement je m'invite...
Si je trouve un moment pour vous rendre visite.

A Mathilde.

Adieu, madame.

Il lui baise la main.

PHILIPPE.

Adieu.

HUBERT.

Mille grâces.

MAMIGNON.

C'est trop:
Je n'en accepte qu'une, et m'en vais au galop.

Pendant que les deux hommes accompagnent Mamignon jusqu'à la porte de droite :

MATHILDE, à part.

Quel mystère fait-il de ce dernier chapitre?
Vite, allons voir.

Elle sort par la gauche.

SCÈNE V.

HUBERT, PHILIPPE, redescendant la scène.

HUBERT.

Il est obligeant, ce bélître.
Mathilde n'est plus là ? — Parlons peu, parlons bien.
Je viens de découvrir, mon cher, et t'en prévien,
Car encor plus qu'à moi la nouvelle t'importe,
Que madame Joulin est à mettre à la porte.

PHILIPPE, froidement.

Bon ! je sais que Joulin a beaucoup d'ennemis.

HUBERT.

Non pas, mon cher. Le doute ici n'est pas permis.
Il paraît que la chose est en tous lieux connue,
Hors chez toi. Cette femme était entretenue...
Et parbleu ! je le tiens de son vingtième amant.

PHILIPPE.

Ce monsieur s'est vanté.

HUBERT.

Voilà de quoi vraiment !

PHILIPPE.

J'aime mieux n'en rien croire.

HUBERT.

Eh ! quoi...

PHILIPPE.

Comme ma mère
Me le disait avec son bon sens ordinaire,
Une bonne habitude à prendre est de ne point

Croire de mal des gens dont nous avons besoin.

HUBERT.

C'en est une meilleure et plus aisément prise,
De n'avoir pas besoin des gens que l'on méprise.
Au surplus, il suffit, calomniée ou non,
Que madame Joulin ait un mauvais renom,
Pour que d'honnêtes gens...

PHILIPPE, *très-sec.*

Veux-tu que je te dise
Laisse-moi gouverner ma famille à ma guise.
Brouille-toi, si tu veux, avec tous tes soutiens,
Mais fais le don Quichotte à tes frais, non aux miens.
Est-ce clair?

HUBERT.

Assez clair pour me faire comprendre
Que tu savais déjà ce que j'ai cru t'apprendre.
J'en suis fâché pour toi... monsieur de Champsableux!
Ton pauvre nom d'Huguet était plus scrupuleux.

PHILIPPE, *dédaigneux.*

Qu'a donc ma particule à tes yeux, qui les blesse?

HUBERT.

Au contraire! respect à la fausse noblesse!
Sur l'autre volontiers je lui donne le pas;
L'autre oblige, et la tienne au moins n'oblige pas.

PHILIPPE.

Permis à toi, mon cher, de la croire usurpée.

HUBERT.

Je m'en garderais bien! les Coquart sont d'épée,
N'est-ce pas? Ils portaient jadis sur leur pennon...

PHILIPPE.

Imbécile, qui crois que je crois à mon nom!
C'est l'étiquette au sac! — J'appartiens par principe
Au faubourg Saint-Germain.

HUBERT.

Toi ?

PHILIPPE.

Moi-même, Philippe
Huguet de Champsableux.

HUBERT.

Et depuis quand?

PHILIPPE.

Depuis
Que j'observe le monde et cherche mes appuis.
J'ai beaucoup réfléchi là-dessus. — Quel chapitre
De morale pratique on ferait sous ce titre :
« Importance du choix d'une conviction
« Pour un homme au début de sa position. »
Tant pis pour le niais, tant pis pour l'imbécile
Qui n'a pas pris d'abord l'opinion utile!

HUBERT.

Mais je ne vois pas trop de quelle utilité...

PHILIPPE.

Il faut être ici-bas d'une minorité :
Qui dit minorité dit camaraderie,
Comprends-tu ?

HUBERT.

Je comprends : vive la coterie!
Mais pourquoi celle-là plus qu'une autre, mon fils?

PHILIPPE.

Non, tu ne comprends pas. — J'y fais doubles profits :
Elle donne à mon nom un air de bonne race,
Et mon nom dans ses rangs me conquiert une place

HUBERT.

Et tu n'es pas honteux du métier que tu fais?

PHILIPPE.

Mon cher, les préjugés roturiers, je les hais.
Ne les invoque pas.

HUBERT.

Eh! sois aristocrate
A ton gré, libéral ou même démocrate,
J'y consens! Liberté de conscience à tous,
Pourvu qu'on en ait une et qu'on en soit jaloux.
Quoi donc! les vérités généreuses et fortes
Que le monde adorait sont-elles si bien mortes,
Que la jeunesse même en ait quitté le deuil
Et plante bravement ses choux sur leur cercueil?
Jeunes gens! qui prêtez aux maximes sordides
Les lèvres du sourire et de l'amour candides,
Quel âge a votre esprit?

PHILIPPE.

Notre esprit n'est pas neuf,
Car il fut engendré vers l'an quatre-vingt neuf.
Quand ils ont aboli le noble droit d'aînesse,
Nos pères ont du coup aboli la jeunesse.

Geste d'étonnement d'Hubert.

L'âge viril commence à l'instant, quel qu'il soit,
Où l'on ne compte plus sur d'autre appui que soi:
Hé bien, en décrétant, du haut de leurs tribunes,

La médiocrité de toutes les fortunes,
N'ont-ils pas décrété l'impuissance aux parents
De garder les enfants à leur charge longtemps,
Et pour les fils, nourris dans cette perspective,
Les précoces soucis et la raison hâtive?

HUBERT.

Silence, enfant, silence! ou parle chapeau bas
De ces grands ouvriers que tu ne comprends pas.
Ce sont eux qui t'ont mis assez haut pour te croire
L'héritier des abus qu'a détruits leur victoire,
Et, comme un fief perdu, regretter le donjon
Dont les matériaux composent ta maison.
Fils rebelles déjà des sauveurs de la France,
Rebelles au contrat de votre délivrance,
Vous portez comme un joug la médiocrité
Qui sert de piédestal à votre égalité!
Mais si la pauvreté vous trouve sans courage,
C'est que vous n'avez pas les vertus de votre âge;
C'est que votre jeunesse, en son cœur indigent,
N'a pas les vrais trésors qui méprisent l'argent!

PHILIPPE.

C'est la société qui nous force d'être hommes
A vingt-cinq ans : tant pis pour elle! nous le sommes.

HUBERT.

Non! vous ne l'êtes pas, sois-en bien convaincu;
Vous êtes des vieillards qui n'avez pas vécu.
Votre perversité n'est pas l'expérience,
Tas de gamins grimpés sur l'arbre de science,
Maraudeurs maladroits qui franchissez les murs
Et dérobez les fruits véreux pour les fruits mûrs!

Vous comprendrez trop tard, imprudents que vous êtes,
Que le meilleur calcul est encor d'être honnêtes.
Je pourrais t'en citer de ces jeunes roués
Que la nature avait prodiguement doués,
Mais qui pour parvenir plus tôt à la fortune
Ont pris à travers champs, par une nuit sans lune,
Et, premiers arrivés dans le temple promis,
Sont trop crottés pour être aux premiers rangs admis.

PHILIPPE, *vivement.*

Ah çà, me crois-tu près de tomber dans la boue?

HUBERT.

A la bonne heure donc! regimbe et me rabroue!
Que je sente vibrer une fois dans ce cœur
Quelque chose de mieux que le doute moqueur!
La colère est un peu sœur de l'enthousiasme.

PHILIPPE, *tristement.*

Laisse-moi me griser de mon propre sarcasme!
J'ai besoin, m'irritant contre mes vrais instincts,
Que le bien et le mal ne me soient plus distincts!
Il est heureux, Hubert, celui que rien ne force
A faire avec soi-même un douloureux divorce!
Ou qui, répudiant sa meilleure moitié,
Ne ressent ni regrets, ni remords, ni pitié!

HUBERT.

Mais qui t'oblige, toi?...

PHILIPPE.

Je ne veux pas le dire.
Mais sois sûr cependant que le but où j'aspire
Est d'un homme de cœur, et que, l'ayant atteint,
Je me redresserai.

HUBERT.

Je n'en suis pas certain.
Lorsque l'échine humaine a trop fait la courbette,
Elle en garde le pli quoi que l'on s'en promette.

SCÈNE VI.

LES MÊMES, MADAME HUGUET, en costume de ville.

HUBERT.

N'est-ce pas votre avis, madame?

MADAME HUGUET.

Quel avis?

HUBERT.

Vous me voyez en train de prêcher votre fils,
Et de lui démontrer qu'aucune orthopédie
Aux déviations du cœur ne remédie.

MADAME HUGUET.

Vous pourriez bien garder pour vous vos almanachs.

HUBERT.

Et ne pas débaucher Philippe, n'est-ce pas?
Rétorquez mon sermon, je vous cède la chaire;

Tirant sa montre.

J'ai pour l'heure qu'il est un rendez-vous d'affaire.

MADAME HUGUET, *à part.*

Je ne vous retiens pas.

HUBERT, *fausse sortie.*

Un mot : si par hasard
Madame Joulin vient avant notre départ,
Faites-moi le plaisir d'escamoter ma femme.

MADAME HUGUET.

Pourquoi donc, s'il vous plaît?

HUBERT.

Vous le savez, madame.

Il sort par la droite.

SCÈNE VII.

PHILIPPE, MADAME HUGUET, puis MATHILDE.

MADAME HUGUET, s'asseyant au coin du feu.

Il a donc entendu quelques méchants propos
Sur cette pauvre dame? Ah! que les gens sont sots!
Comment faire? elle vient tout à l'heure me prendre:
Si ce monsieur la trouve, il peut faire une esclandre!
Bah! je la recevrai dans ma chambre à coucher...
Mon gendre n'aura pas le droit de se fâcher.
Mais à quoi penses-tu, Philippe?

PHILIPPE, relevant la tête.

A rien, ma mère.

MADAME HUGUET.

Ce fou ne t'a-t-il pas prêché quelque chimère?

PHILIPPE.

Non.

MADAME HUGUET.

Prends garde, il n'est pas homme de bon conseil.

Entre Mathilde par la gauche.

MADAME HUGUET, à Mathilde.

Tiens, voilà ton ruban, on n'a plus de pareil.

Que veux-tu? tu mettras ce soir ton chapeau rose.

MATHILDE.

Je n'irai pas ce soir à l'Opéra — pour cause.

MADAME HUGUET.

Hubert n'a pas trouvé de places?

MATHILDE.

Mon Dieu non;
Et nous en avons eu par monsieur Mamignon.
Il nous donne sa loge.

MADAME HUGUET.

Hé bien donc? quel obstacle
T'empêche de venir avec nous au spectacle?

MATHILDE.

Ce serait accepter sa déclaration.

MADAME HUGUET, se levant.

Il t'a fait?...

PHILIPPE, furieux.

L'insolent!

MADAME HUGUET.

Là, là! sans passion.

PHILIPPE.

Comment, sans passion? quand ma sœur insultée
Par un drôle...

MADAME HUGUET.

Toujours cette tête exaltée!

PHILIPPE, prenant son chapeau.

C'est trop fort!

MADAME HUGUET.

Où vas-tu?

PHILIPPE.

Le souffleter, pardieu!

MADAME HUGUET, lui ôtant son chapeau.

Un duel? tu n'iras pas! réfléchissons un peu...

A Mathilde.

Le bon Dieu te bénisse avec ta confidence!

MATHILDE.

Qui pouvait soupçonner Philippe d'imprudence?

MADAME HUGUET.

Eh! ne le pique pas!... Voyons, mon cher enfant...
Le duel est immoral et la loi le défend.

PHILIPPE.

Rends-moi mon chapeau.

MADAME HUGUET.

Non! ne fais rien par colère.
Qu'est-ce donc? à ta sœur Mamignon cherche à plaire?
N'y réussissant pas il est assez puni,
Et l'honneur de ta sœur n'en reste pas terni.

PHILIPPE.

Mais la seule entreprise est une atteinte au nôtre,
Que je dois supporter de lui moins que d'un autre;
Car il est d'autant plus insolent en ceci,
Qu'il peut par l'intérêt me croire à sa merci.
Boutiquier enrichi, paltoquet, plate engeance
Qui veux singer chez moi les mœurs de la régence,
Je vais te faire voir avec quatre soufflets
Que le monde n'est pas composé de valets!

MATHILDE.

Bien, Philippe, très-bien!

MADAME HUGUET.

Voilà qu'elle le flatte!
— Fais battre ton mari si tu veux qu'on se batte!
C'est son affaire en somme à cet époux chéri.

PHILIPPE.

C'est l'affaire du frère autant que du mari.

MADAME HUGUET.

Hubert l'aura mordu, pour sûr. Il déraisonne!

MATHILDE, à madame Huguet.

Rassure-toi, ce n'est l'affaire de personne;
Et j'aurais apaisé Philippe tout d'abord
Si je n'avais pas pris plaisir à son transport.
— Mon frère, donne moi ta main, que je la serre;
Mais il faut rengaîner : tu n'as pas d'adversaire.
La déclaration que tu veux châtier
Est faite de façon à se pouvoir nier,
Si piteuse en un mot, si timide et cafarde
Que j'aurais fort bien pu ne pas y prendre garde,
Si son modeste auteur ne m'eût ouvert les yeux
Au moyen d'un avis non moins mystérieux.
Bref, sa témérité consiste en un passage
De roman, souligné pour mon petit usage.
Ce n'est pas là matière à lui percer le flanc.

PHILIPPE.

A force d'être bête, il est moins insolent.
Je me contenterai de lui dire à l'oreille...

MADAME HUGUET.

Fais-t'en un ennemi, va! Je te le conseille!
Tu ne sais qu'inventer pour te nuire aujourd'hui.
Après monsieur Joulin, c'est ton plus sûr appui;

Et puisqu'il n'a rien fait qui vaille un coup d'épée,
Ayons l'air d'ignorer sa petite équipée.

PHILIPPE.

Je ne veux pourtant pas qu'il se mette en l'esprit
Que ma sœur ayant lu son livre n'a rien dit.

MATHILDE.

Point ne faut pour cela casser la moindre vitre.
La déclaration est au dernier chapitre;
Le roman n'aura pas été fort de mon goût,
Et je n'aurai pas pu le lire jusqu'au bout.

PHILIPPE, contrarié.

A la bonne heure donc.

MADAME HUGUET.

On dirait qu'il regrette
Cette solution pacifique et discrète.

PHILIPPE.

Mon regret, chère mère, est d'une autre façon :
Je trouve que j'entends trop aisément raison;
Je ne suis pas assez absurde pour mon âge.

MADAME HUGUET.

Un beau sujet de plainte! et c'est vraiment dommage.

PHILIPPE.

Tu ne me comprends pas. Va, c'est un grand malheur
Lorsque l'on a l'esprit moins jeune que le cœur.

MADAME HUGUET.

Ah çà, mon cher enfant, je suis presque inquiète
De te voir à ce point hors de ton assiette.

LA CUISINIÈRE, entre-bâillant la porte de droite.

C'est madame Joulin.

MADAME HUGUET.

Faites entrer chez moi.
J'y vais. — Vois-tu, le sang te tourmente, je croi.

Elle sort par la droite.

SCÈNE VIII.

PHILIPPE, MATHILDE.

PHILIPPE.

Elle se doute peu de ce qui me tourmente.

MATHILDE.

Mais je m'en doute, moi. Cyprienne est charmante.

PHILIPPE.

Hé bien, oui, je l'adore! et d'un amour ardent,
D'un amour enfermé, muet, sans confident.....
Tiens, chère sœur, merci, de m'avoir ouvert l'âme;
Merci! j'avais besoin d'une issue à la flamme!
J'ai besoin d'épancher le dernier sentiment
Qui me sépare encor de l'avilissement.
Oui, toute ma jeunesse est là réfugiée:
C'est à ce noble amour que je l'ai confiée;
C'est lui qui me la garde! il n'est pas mon bonheur
Seulement, mais encor ma vertu, mon honneur!
— Aussi je le dérobe aux conseils de ma mère
Comme au souffle du Nord une plante de serre...

MATHILDE.

Pourtant un jour ou l'autre il faudra lui parler.

PHILIPPE.

Oui, mais quand il sera trop tard pour reculer,

Quand son travail sur moi n'aura plus le passage
Entre ma confidence et notre mariage.

MATHILDE.

Hé bien, parle aujourd'hui; mariez-vous demain.

PHILIPPE.

Y penses-tu, ma sœur?

MATHILDE.

Pourquoi pas?

PHILIPPE.

Et du pain?

MATHILDE.

Vous auriez à vous deux cinq mille francs de rente.

PHILIPPE.

Juste de quoi loger au fond d'une soupente.

MATHILDE, souriant.

L'amour est un palais.

PHILIPPE.

Palais vite écroulé
Quand le besoin s'y trouve avec nous installé.

MATHILDE.

Pour être heureux, Philippe, en bonne conscience,
Il ne te manque rien... qu'un peu d'imprévoyance.

PHILIPPE.

Je donnerais beaucoup pour en savoir moins long,
J'en conviens. Ma jeunesse a perdu son aplomb,
Et marche désormais d'une allure douteuse
Entre la passion et la raison boiteuse.
Il ne me reste plus qu'à les mettre d'accord;
C'est le but où je tends d'un patient effort,

Et je demanderai la main de Cyprienne
Le jour où je tiendrai ma fortune en la mienne,
Mais pas avant; je suis sur ce point affermi.

LA CUISINIÈRE, entrant par la droite.

Une lettre pour vous.

Elle sort.

PHILIPPE.

De Joulin.

Il lit.

« Cher ami,
« L'affaire Durousseau pousse une belle tige :
« J'apprends qu'en dépouillant l'héritage en litige
« On trouve des valeurs pour six cent mille francs.
« Bonne aubaine pour vous comme pour les parents;
« Votre adversaire appelle... » Ah! ma fortune est faite!
J'ai le pied sur l'échelle et peux monter au faîte!
Cette fois le procès retentira partout,
Eh parbleu! je franchis deux échelons d'un coup,
Car, au palais posé, je deviens sans conteste
Avocat du chemin de Louvain... et le reste!
Hein? dis donc? Si j'avais souffleté Mamignon!
Mais comprends-tu ma joie? O mon procès mignon!
Je puis avant un an épouser Cyprienne!

MATHILDE.

Pourquoi pas sur-le-champ?

PHILIPPE.

Tu reprends ton antienne.
Mais, chère sœur, il faut nous assurer d'abord
Que ce bon coup de vent durera jusqu'au port.

MATHILDE.

Et s'il ne dure pas, ta passion renonce?...

PHILIPPE.

Elle attend.

MATHILDE.

Est-ce là ta dernière réponse?

PHILIPPE.

Oui, certe, et je la tiens pour conforme au bon sens.

MATHILDE.

Engage l'avenir, du moins.

PHILIPPE.

Oh! j'y consens,
Et je vais de ce pas... Non, c'est une sottise!
Autant vaut sur-le-champ la conduire à l'église;
Le mot d'amour lâché nous y mène tout droit,
Nous voyant tous les jours, vivant sous même toit;
Et la position serait tellement fausse
Qu'il faudrait l'abréger en avançant la noce.

MATHILDE.

Tu recules?

PHILIPPE.

Je peux m'engager autrement.
C'est sa fête demain...

MATHILDE.

Et celle de maman.

PHILIPPE.

Oui. Je vais acheter une bague pour elle,
Pour ma mère un bijou quelconque, une dentelle...
Elle saura par toi, mais par toi seulement,
Que la bague à mes yeux est un engagement.
Nous pourrons de la sorte attendre l'échéance

Sans être embarrassés de notre contenance.

MATHILDE.

Ton bon sens éternel à rien ne fait quartier.

PHILIPPE.

Va trouver Cyprienne.

MATHILDE.

Et toi le bijoutier.

La toile tombe.

FIN DU DEUXIÈME ACTE.

ACTE TROISIÈME

Même décor.

SCÈNE PREMIÈRE.

MATHILDE, MADAME HUGUET.

Madame Huguet est assise au premier plan à droite dans un fauteuil et lit. Mathilde entre par la droite en toilette de ville, s'approche de madame Huguet, et regardant par-dessus sa tête :

MATHILDE.

Quoi! tu lis ce roman où Mamignon...?

MADAME HUGUET.

Sans doute;

Autant en profiter pour ce que cela coûte.

MATHILDE, jetant son manchon sur le canapé.

Oui, c'est toujours cela de pris sur l'ennemi.

Est-il réellement ennuyeux?

MADAME HUGUET.

A demi.

C'est brutal, c'est trop vrai; ça vous attriste presque.

MATHILDE, déposant son châle et son chapeau sur la table.

Oui, n'est-ce pas, pour peu que l'on soit romanesque?

MADAME HUGUET.

Ma fille jette aussi sa pierre en mon jardin?

Laisse à monsieur Hubert ce mauvais ton badin.

MATHILDE.

Injuste! quand s'est-il permis même un sourire

A ton encontre?

MADAME HUGUET.

On sait ce que parler veut dire.
Tu ne prétendras pas qu'il raffole de moi?

MATHILDE.

Que ta prévention est de mauvaise foi!
Voyons! invite-t-on les gens qu'on n'aime guère
A passer avec soi tout l'été dans sa terre?

MADAME HUGUET.

C'est le moins qu'il m'admette ainsi de temps en temps
A rendre mes devoirs à mes petits-enfants.

MATHILDE.

Tiens, on ne sait comment ni par quel bout te prendre!
Dis franchement qu'il a le tort d'être ton gendre,
Et n'en parlons plus.

MADAME HUGUET.

Soit.

MATHILDE, l'embrassant.

Va, méchante maman!
Tout cela, c'est la faute à ce maudit roman.
Renvoie à Mamignon ce fauteur de querelles.

MADAME HUGUET.

Je pense qu'il viendra savoir de tes nouvelles:
J'ai fondé ton absence hier à l'Opéra
Sur la migraine.....

MATHILDE.

Alors il est sûr qu'il viendra.
Je lui rendrai son livre et son cœur.

MADAME HUGUET.

Mais, ma fille,
Ne va pas le froisser.

MATHILDE.

Ne crains rien.

MADAME HUGUET.

Sois gentille,

Au contraire.

MATHILDE.

Ah! non, non!

MADAME HUGUET.

Pourquoi donc, mon enfant?

Est-ce en se gendarmant toujours qu'on se défond?

La vertu qui sourit sied bien aux lèvres roses.

MATHILDE, *très-sérieuse.*

Il ne faut pas jouer avec certaines choses.

MADAME HUGUET, *gravement.*

Vraiment? — Si c'est ainsi, tu fais bien, bats-lui froid.

MATHILDE.

C'est mon intention, chère mère, et mon droit.

MADAME HUGUET.

Ajoute: et ton devoir. — Ma pauvre sensitive!

J'avais depuis longtemps prévu ce qui t'arrive.

MATHILDE, *à part.*

Que m'arrive-t-il donc?

MADAME HUGUET.

Je le savais bien, moi,

Que cet agriculteur n'était pas fait pour toi.

Que tu ne l'aimes plus, je le comprends de reste!

Mais fût-il cent fois plus pesant, plus indigeste,

Je te dirais encor comme je te le dis :

Songe que son honneur est celui de tes fils.

Courage, mon enfant : notre rôle est immense!
Où le bonheur finit, notre vertu commence.

MATHILDE.

Courage, son honneur, le bonheur, la vertu...
Quel galimatias de tout cela fais-tu?
J'adore mon mari.

MADAME HUGUET.

Ton mari! tu plaisantes?

MATHILDE.

Nullement.

MADAME HUGUET, se levant.

Qu'est-ce donc alors que tu me chantes?
Du moment que ton cœur est si bien prémuni,
User et s'amuser d'un fat c'est pain béni.
C'est en tirant parti d'une pareille offense
Qu'une femme d'esprit sait en tirer vengeance.
Que te demande-t-on d'ailleurs? Tout simplement
De laisser le plaisir de se croire charmant
A ce pauvre bonhomme.

MATHILDE.

Il me semble inutile
De faire aucun plaisir à ce vieil imbécile.
Je le trouve plaisant, ce galant très-peu vert,
D'oser ne pas me croire amoureuse d'Hubert;
De se le figurer ainsi qu'un pauvre sire,
A qui le ridicule irait comme de cire!
Je ne veux pas l'aider dans cette opinion.

MADAME HUGUET.

Au jugement d'un sot tu fais attention?

MATHILDE.

Je n'admets pas qu'un homme au monde par ma faute
Ne tienne pas Hubert en estime très-haute;
N'est-ce pas être mal fidèle à son mari
De faire bon visage à quiconque en a ri?

MADAME HUGUET.

Il faut savoir parfois relâcher d'un principe.
Tu comprends bien qu'ici l'intérêt de Philippe...

MATHILDE.

Mais c'est uniquement pour notre cher garçon
Qu'à monsieur Mamignon j'épargne une leçon.

MADAME HUGUET.

Belle avance, ma foi, si tu lui fais la mine!

MATHILDE.

Je n'ai jamais été femme qui se domine.

MADAME HUGUET.

On sonne. — J'aime mieux que tu rentres chez toi
Que de le malmener.

MATHILDE.

Je l'aime aussi mieux, moi.

Elle sort par la gauche.

SCÈNE II.

MADAME HUGUET, MAMIGNON.

MADAME HUGUET, *lui tendant la main.*

Je vous ai deviné, rien qu'au coup de sonnette.

MAMIGNON.

J'ai donc une façon de sonner?...

MADAME HUGUET, s'asseyant sur le canapé.

Ferme et nette,
Comme il sied à la main d'un véritable ami.

MAMIGNON s'incline.

Madame votre fille a-t-elle bien dormi?

MADAME HUGUET.

Très-mal. La pauvre enfant a la tête si lourde
Qu'elle est restée au lit.

MAMIGNON, regardant le châle et le manchon que Mathilde a laissés sur la table.

Ah! vraiment!

A part.

Quelle bourde!

MADAME HUGUET, suivant les yeux de Mamignon.

Son châle et son chapeau sont là depuis hier.

MAMIGNON.

Oh! je n'en doute pas.

MADAME HUGUET, à part.

Il en doute, c'est clair.

Haut.

Je pense qu'elle dort, et cependant j'hésite
A la priver ainsi d'une bonne visite.

MAMIGNON, très-pincé.

Je connais à son mal un remède excellent,
Et je vais la guérir...

MADAME HUGUET.

Comment?

MAMIGNON.

En m'en allant.

MADAME HUGUET.

Ces jeunes gens! toujours quelque soin les réclame,
S'il s'agit de rester près d'une vieille femme!
Tenez, c'est très-vilain; je veux vous faire affront.
Vous êtes tous taillés sur le même patron!

MAMIGNON, flatté.

Mais madame...

MADAME HUGUET.

Je sais que votre ami Philippe
A ce travers du temps comme vous participe;
Je l'en gronde souvent, mais ne le retiens pas.
Allez à vos plaisirs, allez, enfants ingrats.

MAMIGNON.

Je vous jure, madame...

MADAME HUGUET, se levant.

Oh! je ne vous demande
Aucune confidence après ma réprimande.
Mais pour moi, si j'étais un mari, je sais bien
Que je vous fermerais ma porte, cher vaurien.

MAMIGNON, à part.

C'est bon signe déjà que la mère me craigne.
Si la migraine était un mensonge de duègne?

MADAME HUGUET, à part.

Il s'en ira charmé de lui-même: il suffit.

Haut.

Tenez, je prends pitié de votre air déconfit.
Adieu.

Elle lui tend la main

MAMIGNON, à part.

Si par hasard Mathilde allait paraître,

Je me sens d'une audace à lui glisser ma lettre.

Haut.

Vous croyez qu'on m'attend ?

MADAME HUGUET.

Oui, mon cher Mamignon,

Je le crois.

MAMIGNON, se rasseyant.

En restant, je vous prouve que non.

SCÈNE III.

LES MÊMES, CYPRIENNE, par la gauche.

CYPRIENNE.

Mathilde a laissé là... Monsieur!

MAMIGNON.

Mademoiselle!

A part.

Elle est charmante aussi.

MADAME HUGUET.

Mathilde que veut-elle?

CYPRIENNE.

C'est son manchon. Elle a quelque chose dedans.

MADAME HUGUET.

Quoi donc?

CYPRIENNE.

Probablement son mouchoir et ses gants:
Elle ne m'a rien dit, et le jour de ma fête
Je n'interroge pas de peur d'être indiscrète.

MAMIGNON, à part, prenant le manchon sur le canapé.

Voilà mon messager.

Il y fourre sa lettre et le donne à Cyprienne.

Tenez.

CYPRIENNE.

Merci.

MADAME HUGUET.

Fais voir.

CYPRIENNE.

Non ! tu n'aurais plus l'air surpris qu'il faut avoir.

MADAME HUGUET, cherchant à prendre le manchon.

Donne donc.

CYPRIENNE, se défendant.

Non, non !

MAMIGNON, à part.

Diable !

CYPRIENNE.

Au secours !

SCÈNE IV.

LES MÊMES, HUBERT, par la droite.

HUBERT.

Quel vacarme !

CYPRIENNE, courant à lui.

Viens me dévaliser devant le bon gendarme !

MADAME HUGUET.

J'y renonce.

HUBERT.

Respect à la loi.

MAMIGNON, à part.

Brave époux,
Vers sa femme escortant la poste aux billets doux!

HUBERT, à Mamignon.

Mon intervention ayant la paix conclue
J'abdique mes pouvoirs, monsieur, et vous salue.

MAMIGNON.

Moi-même j'attendais que justice eût son cours...

CYPRIENNE.

Vous attendiez aussi pour me porter secours.

MADAME HUGUET.

Cyprienne est bien gaie aujourd'hui.

CYPRIENNE.

C'est ma fête,
Chère tante, il faut bien que je me la souhaite.

HUBERT.

Et pourquoi voulez-vous qu'elle affecte un air froid?
La gaîté lui sied bien.

CYPRIENNE.

Comme une bague au doigt!
C'est le mot... c'est le mot! J'emporte mon trophée...
Adieu, messieurs.

HUBERT.

Adieu, chère petite fée.

Elle sort.

SCÈNE V.

LES MÊMES, moins CYPRIENNE.

MAMIGNON, saluant pour s'en aller.

Madame...

HUBERT.

Vous fuyez?

MAMIGNON, lui serrant la main.

A revoir.

HUBERT.

Non, adieu;

Car nous partons demain.

MAMIGNON.

Demain?... quoi!.. vous... bon Dieu!

Si vite!

A part.

Maudit soit le départ qui m'évince!

HUBERT.

Vous ne saviez donc pas que je vis en province?

MAMIGNON.

Je vous croyais ici pour la saison au moins.

HUBERT.

Diable, mon cher monsieur, et mes blés? et mes foins?

MAMIGNON.

Je suis abasourdi, monsieur, de la nouvelle.

A madame Huguet.

La séparation doit vous être cruelle.

MADAME HUGUET.

Non, je pars avec eux.

MAMIGNON.

Vous nous quittez aussi?
Voilà Paris désert!

MADAME HUGUET.

Le mot est doux; merci.

MAMIGNON, à part.

Parbleu, je suis bien bête! Il faut que l'on m'invite!
Haut.
Que je voudrais, madame, être de votre suite,
Et pouvoir respirer l'air des champs près de vous!

HUBERT.

Bah! vous vous ennuîriez dans ce pays de loups.

MAMIGNON.

Quoi qu'il en soit, je vois partir toute ma joie
Pour ce vilain pays. — Est-ce loin?

HUBERT.

Près de Troye.

MAMIGNON.

En Champagne?

HUBERT.

Oui, monsieur. L'autre a péri, dit-on.

MAMIGNON.

Palsambleu! la rencontre est plaisante!

HUBERT.

En quoi donc?

MAMIGNON.

J'y dois aller moi-même avant peu. Mon notaire

Veut dans les environs que j'achète une terre.
J'hésitais, je l'avoue, à me mettre en chemin;
Mais dès que j'ai l'espoir de vous serrer la main...

HUBERT.

Nous serons très-heureux, monsieur, de la visite.

MAMIGNON.

Eh bien, c'est convenu. Vous voyez: je m'invite!

HUBERT.

Je n'aurais point osé...

MAMIGNON.

Moi, je suis sans façon.
Pas de cérémonie au moins pour un garçon?

HUBERT.

Soyez tranquille.

A madame Huguet.

Où donc est Mathilde?

MADAME HUGUET.

Chez elle.

MAMIGNON.

Avec une migraine!...

HUBERT.

Ah! mauvaise nouvelle!
Je vais la voir. — Adieu, monsieur.

MAMIGNON.

Non, sans adieu.

Hubert sort par la gauche.

SCÈNE VI.

MAMIGNON, MADAME HUGUET.

MAMIGNON, à part

Ma foi, j'ai manœuvré comme un vrai Richelieu.

MADAME HUGUET, à part.

Ah! vous vous invitez sans façon chez mon gendre!
Je vais vous dégoûter, vieux fat, de vous y rendre.

MAMIGNON.

Charmant homme! — Ce n'est qu'aux champs, en vérité,
Qu'on a cette franchise et cette aménité!

MADAME HUGUET.

Ne vous y fiez pas; il n'est pas si champêtre
Ni si doux qu'au premier abord il peut paraître.

MAMIGNON, souriant.

Sa politesse est donc un masque?

MADAME HUGUET.

Non, mon cher,
C'est un gant de velours sur une main de fer.

MAMIGNON, inquiet.

Quoi? ce cultivateur...?

MADAME HUGUET.

Est un vrai personnage
De roman; le dernier baron du moyen âge:
Grand chasseur, grand tireur d'armes, grand batailleur...
Dans un salon, du reste, agréable railleur,
Mais n'entendant pas bien lui-même raillerie;
Bref, modèle accompli de la chevalerie.

MAMIGNON, *à part.*

Diable ! dans un guêpier me serais-je engagé ?

SCÈNE VII.

LES MÊMES, HUBERT.

HUBERT.

Vous êtes encor là ?

MAMIGNON.

Non !... je prenais congé.

HUBERT, *lui montrant un siége.*

Tout à l'heure.

MAMIGNON, *à part, s'asseyant.*

C'est vrai qu'il n'a pas l'air commode.

HUBERT.

Vous m'avez fait l'honneur, vous, un homme à la mode,
De vous prier chez nous...

MAMIGNON.

Oui, monsieur... oui... je croi...

A part.

Il a l'épaule énorme... il est plus fort que moi !

HUBERT.

Je viens d'en annoncer la nouvelle à ma femme,
Pour la réjouir.

MAMIGNON, *à part.*

Oui ! comptez-y, belle dame !
Moi ne pas me commettre avec ce sanglier !

HUBERT, *tirant une lettre de sa poche.*

Elle m'a répondu par ce petit papier...

Je ne sais ce qu'il chante, ou plutôt ce qu'il pleure.
Voyez.

MAMIGNON, à part.

Ciel!

MADAME HUGUET.

Quoi?

HUBERT, lui donnant la lettre.

Lisez.

MAMIGNON, à part.

Voici ma dernière heure!

MADAME HUGUET, à part.

L'impertinent!... Comment prévenir un éclat?

HUBERT, à Mamignon.

Je suis doux par nature autant que par état,
Monsieur; je n'aime pas le tapage...

MAMIGNON, à part.

Il prélude
A la férocité par la mansuétude!

HUBERT.

Mais il est cependant des choses...

MAMIGNON, à part.

L'y voilà!

HUBERT.

Où l'homme le plus doux doit mettre le holà.

MAMIGNON, à part.

Ah! je vois dans ses yeux qu'il a réglé mon compte!

MADAME HUGUET.

Mathilde est à se croire offensée un peu prompte :

Je ne vois qu'un billet sans adresse.

MAMIGNON, à part.

Sauvé!

HUBERT.

Parbleu! dans son manchon ma femme l'a trouvé!

MAMIGNON.

Mais qui le lui portait ce manchon, je vous prie?

MADAME HUGUET.

Cyprienne.

MAMIGNON.

Hé bien donc?

HUBERT.

Quelle plaisanterie!
Vous prétendez, monsieur, que ce billet d'amour
Était pour ma cousine?

MAMIGNON.

Oui, monsieur.

HUBERT.

Mais quel tour
Donnerez-vous?...

MADAME HUGUET, à Mamignon.

Comment! vous aimiez Cyprienne?

HUBERT.

Allons donc! qu'il nous montre un seul mot qui convienne.

MAMIGNON, prenant vivement la lettre entre les mains de madame Huguet.

Ah! permettez! chacun écrit à sa façon,
Et je ne souffre pas là-dessus de leçon.

MADAME HUGUET.

Mais, monsieur, ce système étrange de défense

Ne fait, envers nous tous, que changer votre offense;
Si vos projets étaient honorables, pourquoi
Ne vous en être pas d'abord ouvert à moi?
Glisse-t-on des billets aux filles qu'on respecte?

MAMIGNON.

Ma conduite a peut-être été peu circonspecte;
Mais mes intentions sont pures, c'est certain.
J'adore votre nièce et demande sa main.

A part.

Bah! je trouverai bien moyen de m'en dédire.

MADAME HUGUET.

Qu'en dites-vous, Hubert?

HUBERT.

Permettez-moi d'en rire:
Je ne me croyais pas si terrible.

MADAME HUGUET.

Comment?

HUBERT.

Monsieur, pour m'échapper, va jusqu'au sacrement!

MAMIGNON.

Quoi! monsieur!...

MADAME HUGUET.

Vous doutez qu'il adore ma nièce?

HUBERT.

Non pas! mais d'un amour d'une nouvelle espèce,
D'un amour dont la peur aura fait tous les frais.

MADAME HUGUET.

C'est donc bien surprenant qu'il aime tant d'attraits?

MAMIGNON, à Hubert.

Oui !

MADAME HUGUET.

Son bonheur ici n'a-t-il pas tous les gages ?

MAMIGNON.

Là !

MADAME HUGUET.

N'est-ce pas le lot d'un homme entre deux âges
Qu'une femme où l'on voit cet accord précieux
D'une jeunesse en fleur et d'un cœur sérieux ?

MAMIGNON.

Ah ! mais !

MADAME HUGUET.

La pauvre fille, à douze ans orpheline
A subi du malheur la rude discipline ;
Et son esprit maté par la vie au début
Aux chimères du cœur n'a pas payé tribut.

MAMIGNON, à part.

Tiens, tiens !

MADAME HUGUET.

Elle s'est fait un programme modeste
Où le devoir tient plus de place que le reste,
Et les moindres bonheurs qui lui viendront en sus,
Comme grâces d'en haut seront d'elle reçus.

MAMIGNON, à part.

Par ma foi, si c'est vrai, je joue à qui perd gagne.

MADAME HUGUET.

C'est une véritable et sincère compagne,
Et monsieur Mamignon ne peut mieux s'engager.

MAMIGNON, à Hubert.

Le fait est qu'il est temps bientôt de me ranger.

HUBERT.

Ah! certes!

MAMIGNON.

Je suis las de courir l'aventure.

HUBERT.

Je le crois.

MAMIGNON, s'animant peu à peu.

J'ai besoin d'une affection pure;
J'ai trop longtemps suivi ces sirènes sans foi
Qui prenaient mon argent et se moquaient de moi.
J'aime mieux rendre heureuse une jeune personne
Sage, bien élevée, aussi belle que bonne,
Chez qui pour mon argent je trouverai du moins
De la fidélité, des enfants et des soins.

HUBERT.

Il est vrai.

MAMIGNON.

Sans compter l'honneur d'une alliance
Qui donne à ma fortune un vernis d'élégance,
Chère tante!

MADAME HUGUET.

Un moment! vous avez mon aveu,
Mais ce n'est pas assez pour être mon neveu.

MAMIGNON.

Intercédez pour moi, madame, aujourd'hui même.

MADAME HUGUET.

Oui, je vous le promets.

MAMIGNON.

Mon bonheur est extrême.
Je me sens rajeuni, je me sens plein de feu!
Je reviendrai demain savoir mon sort. Adieu.

Il sort par la droite.

SCÈNE VIII.

MADAME HUGUET, HUBERT.

MADAME HUGUET.

Voilà pour la famille une bonne fortune!

HUBERT.

A sa mésaventure il ne tient pas rancune.

MADAME HUGUET.

Comment?

HUBERT.

Il aurait droit d'être contrarié;
Entrer en séducteur et sortir marié!

MADAME HUGUET.

Mathilde se trompait: il aime Cyprienne,
Je n'en veux pas douter.

HUBERT.

C'est d'une âme chrétienne.
Au surplus il le croit lui-même, bon garçon.
Vous l'avez empaumé de la belle façon!

MADAME HUGUET.

Empaumé!

HUBERT.

C'est le mot.

MADAME HUGUET.

Je ne suis pas très-prude,
Mais je ne conçois pas cette étrange habitude,
Puisqu'en somme les mots ne sont qu'un vêtement,
De n'en pas habiller les choses décemment.

HUBERT.

Je n'y reviendrai plus, et retiens le précepte.
Mais vous flatteriez-vous que Cyprienne accepte ?...

MADAME HUGUET.

Un parti magnifique, inespéré, parfait ?
Ne lui croyez-vous pas le cœur libre ?

HUBERT.

Si fait ?
Mais est-ce une raison pour se vendre ?

MADAME HUGUET.

Se vendre ?
Mon Dieu ! quel Patagon vous êtes, mon cher gendre !
Quel homme subversif des usages reçus !
N'allez pas sur ce ton la prêcher là-dessus,
Je vous prie.

HUBERT.

Il n'est pas besoin que je la prêche :
Elle est de sa nature aux bassesses revêche.

MADAME HUGUET.

Bassesses ! — Non, tenez, ne vous en mêlez point.

HUBERT.

Je ne demande, moi, qu'à rester dans mon coin.

SCÈNE IX.

LES MÊMES, PHILIPPE, par la droite.

MADAME HUGUET.

Philippe... pas un mot!

PHILIPPE, très-gai.

Que vois-je? ô l'indiscrète!
En plein salon!

MADAME HUGUET.

Hé bien, quoi?

PHILIPPE.

Le jour de ta fête?
Mais a-t-on jamais vu? Passez votre chemin,
Curieuse!

Il la prend par la taille et la pousse vers sa chambre.

MADAME HUGUET, se débattant.

Philippe!... Es-tu fou?... grand gamin!

SCÈNE X.

HUBERT, PHILIPPE, revenant en scène.

PHILIPPE, va à la porte de droite et fait entrer un commissionnaire chargé de pots de fleurs.

Mettez ça là.

HUBERT.

Des fleurs!

PHILIPPE.

Semons-en l'existence !

Le commissionnaire sort.

Arrangeons ce jardin.

HUBERT.

Tu t'es mis en dépense.

PHILIPPE.

Dis que je ne suis pas un fils délicieux,
Un modèle de fils !

HUBERT.

Mais point respectueux :
Tu traites un peu trop ta mère en camarade.

PHILIPPE, arrangeant les fleurs sur la table.

Ah ! mon cher, le respect filial est malade,
Et notre siècle en est bien déshabitué !

HUBERT.

Est-ce quatre-vingt-neuf aussi qui l'a tué ?

PHILIPPE.

Certe ! en émancipant follement la jeunesse
Par l'abolition du susdit droit d'aînesse :
La discipline a fui la famille sans chef...
Mais ne rabâchons pas là-dessus derechef !
Passe-moi ce rosier. — Il n'est plus de bastilles ;
Nargue du droit d'aînesse et mangeons des lentilles !
Du respect de son fils un père exproprié
Touche une indemnité d'ailleurs en amitié !

HUBERT.

Je ne conseille pas à mes fils ce commerce.

PHILIPPE.

Hé bien, moi, si j'en ai des fils... et je me berce
De l'espoir d'en avoir...

A part

Dans un an et demi.

HUBERT.

Hé bien, que feras-tu?

PHILIPPE.

Je serai leur ami.

HUBERT.

Ami, soit; mais ami respecté.

PHILIPPE.

Par le diable!
Pour être respecté serai-je respectable?

HUBERT.

Pourquoi pas?

PHILIPPE.

Ce n'est plus très-facile aujourd'hui
Que l'on vit pêle-mêle en un même réduit.

HUBERT.

Bah!

PHILIPPE.

Que peut devenir la majesté des pères
Quand ils ont forcément leurs enfants pour compères
Dans les mille tracas, les mille expédients
Qui du luxe bourgeois sont les ingrédients?
C'est ainsi, que veux-tu!

HUBERT.

Je veux que nul n'affiche
Un faste ridicule alors qu'on n'est pas riche.

PHILIPPE.

Oui! depuis qu'il n'est plus de démarcations,
Tâche de mettre un frein à nos prétentions!
On a le rang qu'on tient en l'absence de caste,
Mon bon; le classement s'établit sur le faste,
Et du moment qu'on est tout ce que l'on paraît,
Chacun veut ardemment paraître plus qu'il n'est,
C'est tout simple! aussi vois comme le luxe gagne!

HUBERT.

Que j'ai raison alors de vivre à la campagne!

PHILIPPE, montrant la table où il a arrangé les fleurs.

L'autel est prêt, allons chercher la sainte.

HUBERT.

Allons!

Ils se dirigent vers la chambre de madame Huguet.

SCÈNE XI.

LES MÊMES, JOULIN, par la droite.

JOULIN.

Deux mots, Philippe.

PHILIPPE, à Hubert, sur la porte.

Va, je suis sur tes talons.

Hubert sort, Philippe rentre en scène.

PHILIPPE.

Quelle mine lugubre!

JOULIN.

Ah! mauvaise nouvelle!

PHILIPPE.

Comment! n'est-il pas sûr que l'adversaire appelle?

JOULIN.

Si fait, mais il a pris le Bâtonnier.

PHILIPPE.

Tant mieux!
Le combat en sera d'autant plus glorieux,
Et, vainqueur ou vaincu, l'honneur de cette lutte
Achève de poser un homme qui débute.

JOULIN.

Oui, mais votre client vous craignant inégal
A ce rude jouteur, a pris Léon Duval.

Philippe s'assied accablé.

Courage, mon ami, courage! ce déboire
Des jeunes avocats est la commune histoire.
Le coup est difficile à porter, c'est certain;
Mais c'est votre jeunesse et non vous qu'il atteint.

PHILIPPE, *se relevant violemment.*

Ma jeunesse! — Quand donc finira ma jeunesse?

JOULIN.

Cela n'empêche pas qu'on ne vous reconnaisse
Un vrai talent; on sait tout ce que vous valez,
Et c'est pour mieux sauter qu'ici vous reculez.

PHILIPPE.

Non! ne me leurrez pas de fausses espérances.
Faites-moi nettement le bilan de mes chances.
J'ai besoin de savoir juste à quoi m'en tenir.

JOULIN.

J'ai foi dans votre force et dans votre avenir.

PHILIPPE.

Vous ne répondez pas.

JOULIN.

Que voulez-vous qu'on dise?...

PHILIPPE.

C'est vrai; ma question est vague. Je précise:
Supposez que l'on m'offre une position
En dehors du palais... l'administration,
Par exemple; au barreau faut-il que je renonce?

JOULIN.

Vous l'offre-t-on?

PHILIPPE.

Je dois rendre aujourd'hui réponse.

JOULIN.

Eh bien! n'hésitez pas, acceptez haut la main.

PHILIPPE, avec angoisse.

Je n'ai donc nul espoir de faire mon chemin?

JOULIN.

Dame! si vous n'avez pour salut d'autre planche
Que moi...

PHILIPPE, avec un sourire forcé.

Votre amitié branlerait-elle au manche?

JOULIN.

Non pas... mon amitié vous restera toujours.
Mais les événements peuvent prendre tel cours,
Il peut se présenter telle vicissitude.....

Enfin, je puis songer à vendre mon étude.

PHILIPPE.

Mais d'ici là.....

JOULIN.

Mon Dieu, s'il faut vous dire tout...

PHILIPPE.

Vous êtes en marché?

A part.

Voilà le dernier coup.

JOULIN.

Ça, mon cher, c'est encore un secret; inutile
De vous recommander...

PHILIPPE, accablé.

Oui, oui, soyez tranquille.

JOULIN.

Il nous reste à régler le mode de paiment,
Et nous terminerons demain, probablement.
Pour vous, puisqu'on vous ouvre autre part une porte...

PHILIPPE.

Eh! l'on ne m'ouvre rien!

JOULIN.

Le diable vous emporte!
On ne tend pas aux gens un traquenard pareil!
— Ce que je vous ai dit n'est d'ailleurs qu'un conseil
Que vous ne devez pas prendre au pied de la lettre;
J'étais dans l'hypothèse où vous vouliez me mettre;
J'ai cru... mais du moment qu'il n'en est rien... Morbleu!
Pourquoi me tendre un piége? Arrangez-vous! Adieu.

Il sort.

SCÈNE XII.

PHILIPPE, *seul. Après un silence.*

O jeunesse! âge heureux, âge de la victoire,
Dont notre siècle a fait un cas rédhibitoire!
Tes prénoms étaient Force et Domination...
Aujourd'hui c'est Faiblesse, Obstacle, Exclusion!
— Je suis perdu.

SCÈNE XIII.

PHILIPPE, MADAME HUGUET, MATHILDE, CYPRIENNE, HUBERT.

MADAME HUGUET.

Philippe, eh bien?...

PHILIPPE.

Ah! oui... la fête!

CYPRIENNE, *à part.*

Comme le cœur me bat!

PHILIPPE, *remettant un petit écrin à sa mère.*

Tiens. Je te la souhaite
Bien heureuse!

MADAME HUGUET, *l'embrassant.*

Merci, mon cher enfant, merci.

PHILIPPE, *donnant un écrin à Cyprienne.*

Et je te la souhaite à toi, cousine, aussi.

CYPRIENNE, *ouvrant l'écrin, bas à Mathilde.*

Ce n'est pas une bague...

MATHILDE, de même.

Il s'est trompé de boîte.

MADAME HUGUET, à Philippe.

Ta bague, mon ami, m'est un peu trop étroite.

MATHILDE.

C'est qu'elle est pour un doigt plus mince.

PHILIPPE, avec effort.

Tu pourras

La changer pour une autre.

CYPRIENNE, bas à Mathilde.

Il ne se trompait pas!

La toile tombe.

FIN DU TROISIÈME ACTE.

ACTE QUATRIÈME

Même décoration.

SCÈNE PREMIÈRE.

MATHILDE, CYPRIENNE, HUBERT.

HUBERT, à Cyprienne.

Si la position qu'il attend de pied ferme
Tarde trop, il faut bien que l'attente ait son terme;
Se soumettra-t-il pas, de guerre lasse, un jour
A faire un mariage étranger à l'amour?

MATHILDE, à Cyprienne.

Mais qu'il atteigne ou non le but qu'il veut atteindre,
Le même résultat me paraît fort à craindre.
Une fois enrichi, son appétit d'argent
N'aura-t-il pas grandi, comme on dit, en mangeant?
Et trouvera-t-il pas la tendresse importune,
Qui voudrait l'empêcher de doubler sa fortune?

HUBERT.

Mais sans nous occuper de ce double péril,
Quelle position maintenant te fait-il?
Demandée aujourd'hui, demain contremandée,
Comment acceptes-tu d'être ainsi marchandée?

MATHILDE.

Il n'attend pas de toi grande félicité,
S'il croit la trop payer d'un peu de pauvreté.

HUBERT.

Qu'il s'explique. S'il t'aime et sans toi ne peut vivre,
C'est lui qu'il faut sauver des combats qu'il se livre;
Et, s'il n'est pas au fond autrement amoureux,
C'est toi qu'il faut sauver d'un espoir dangereux.

MATHILDE.

L'occasion, d'ailleurs, vient sans qu'on la commande:
De monsieur Mamignon soumets-lui la demande,
Comme une sœur qui cherche un conseil fraternel.
Certe, à sa loyauté ce n'est point faire appel;
Tu laisses à son choix entière latitude,
Et ne contrains par là que son incertitude.

HUBERT.

S'il te dit d'accepter ou refuse conseil,
— C'est tout un, n'est-ce pas, en un sujet pareil? —
Tu sais sur quoi compter, tu sais quel parti prendre.

MATHILDE.

L'instant est bien choisi pour rompre sans esclandre,
Notre départ étant pour ce soir arrêté.

HUBERT.

Au lieu de ne passer chez nous qu'un mois d'été,
Tu restes, tout est dit; et si quelqu'un y songe,
Madame Huguet se charge aisément d'un mensonge.

CYPRIENNE.

Vous êtes bons tous deux!

HUBERT.

Nous te consolerons!
Ce sera du malheur, si dans nos environs
Il ne se trouve pas quelque brave jeune homme

Plus noble au fond du cœur que ton faux gentilhomme.

CYPRIENNE.

Je ne me marîrai jamais, mes bons amis;
Je mourrai près de vous, si cela m'est permis,

A Mathilde.

Et laisserai mon bien à ta petite Edmée,
Afin qu'elle soit riche assez pour être aimée!
Mais nous calomnions peut-être mon cousin.

HUBERT.

Hum! nous verrons bientôt.

LA CUISINIÈRE, entre-bâillant la porte de droite.

Voici monsieur Joulin.

MATHILDE.

Qu'il entre.

A Hubert.

Reçois-le.

A Cyprienne.

Viens achever nos caisses.

HUBERT.

Enfant! je vois des pleurs dans ces yeux que tu baisses.
Du courage!

CYPRIENNE.

J'en ai..., mais laisse-moi pleurer.

Elle sort avec Mathilde par la gauche.

SCÈNE II.

HUBERT, puis JOULIN.

HUBERT, seul.

Philippe est un fier sot de ne pas l'adorer!

A Joulin, qui entre.

Bonjour, monsieur.

JOULIN.

Je viens dans un moment critique :
Vous partez aujourd'hui, m'a dit la domestique?

HUBERT.

C'est vrai.

JOULIN.

Philippe est-il du voyage ?

HUBERT.

Non, non.
Ces trois dames n'auront que moi pour compagnon.
Philippe dans huit jours nous rejoindra... peut-être.

JOULIN.

Je venais lui parler d'affaire, au jeune maître;
Mais puisqu'il ne part pas, je reviendrai demain.

HUBERT.

Le voici justement.

Entre Philippe par la droite.

Je vous serre la main.
Vous avez à causer; ma malle me réclame...

JOULIN.

Bon voyage, monsieur. Mes respects à madame.

Hubert sort par la gauche.

SCÈNE III.

JOULIN, PHILIPPE.

JOULIN.

Hé bien! comment vous va depuis hier, mon ami?

L'appétit est-il bon ? Avez-vous bien dormi ?

PHILIPPE.

Vous êtes gai, monsieur.

JOULIN.

Parbleu ! Vive la joie !
Il est doux de sauver un homme qui se noie.

PHILIPPE.

Qu'entendez-vous par là ?

JOULIN.

Je me fais recevoir
De la société des naufrages ce soir.

PHILIPPE.

Vous me faites mourir. Qu'apportez-vous ?

JOULIN.

La perche.
Oui, mon cher, depuis hier je songe à vous : je cherche,
Et je viens de trouver.

PHILIPPE.

Mais quoi ?

JOULIN.

Votre salut.
Voici la chose enfin sans détour superflu :
Avec mon acquéreur je n'ai pas pu m'entendre
Sur les arrangements qui nous restaient à prendre ;
Il a voulu jouer au fin et barguigner ;
Bref, nous venons de rompre au moment de signer.

PHILIPPE.

Vous gardez votre étude ?

JOULIN.

Allons donc! quelle idée!
A quitter le palais ma femme est décidée;
Je commence moi-même à le prendre en horreur,
Et nous avons en vue un nouvel acquéreur.

PHILIPPE.

Alors!...

JOULIN.

Attendez donc, impétueux jeune homme!
C'est un de vos amis intimes...

PHILIPPE.

Qui se nomme?

JOULIN.

C'est un jeune avocat sans cause et sans argent,
Mais instruit, sérieux, actif, intelligent,
Dont j'ai su démêler la valeur peu commune
Et dont ma confiance aura fait la fortune.
Il est loin de prévoir ce coup miraculeux,
Et se nomme en un mot Huguet de Champsableux.

PHILIPPE.

Moi, monsieur, moi?

JOULIN.

Vous-même. Hé bien, mon camarade,
Est-il de votre goût le mot de ma charade?

PHILIPPE.

Vous êtes mon sauveur!

JOULIN.

Je le savais bien, moi!

PHILIPPE.

Non, vous ne savez pas tout ce que je vous doi!
J'étais au désespoir depuis hier en proie...
Je suis ivre à présent, je suis ivre de joie!

JOULIN.

O jeune ambitieux!

PHILIPPE.

Moi de l'ambition?
Non, non! c'est de l'amour, c'est de la passion!

JOULIN.

Je comprends : les parents vous refusaient la fille,
Et maintenant...

PHILIPPE.

Mais non : elle n'a de famille
Que nous... C'est ma cousine.

JOULIN, très-froid.

Elle n'a pas le sou?

PHILIPPE.

Que m'importe, à présent?

JOULIN.

Mon cher, vous êtes fou;
Il m'importe beaucoup, à moi vendeur. Mon gage,
Si vous prenez ma charge, est votre mariage.
En avez-vous un autre à m'offrir? Non? Hé bien!
Il est tout naturel que j'y tienne, et j'y tien.

PHILIPPE.

Vous aviez, disiez-vous, confiance!

JOULIN.

Absolue...

Mais diable! cet amour est une moins-value;
Le capital fictif que vous représentiez
Est amoindri par là d'une de ses moitiés,
De la plus promptement réalisable encore!
Le talent, le travail, c'est bien : je les honore;
Mais en somme on ne sait ni qui vit ni qui meurt,
Et si vous n'êtes pas une dot, serviteur!

PHILIPPE.

Alors n'en parlons plus.

JOULIN.

Mon étude rapporte
Quarante mille francs en moyenne...

PHILIPPE.

Qu'importe!

JOULIN.

Je vous la vends trois cents : votre intérêt déduit,
C'est vingt-cinq mille francs nets qu'elle vous produit.

PHILIPPE.

A quoi bon ce détail?

JOULIN.

Je vous trouve une fille,
Là, de cent mille écus, suffisamment gentille;
Vous me versez la dot ou moitié seulement
Si vous voulez garder un fonds de roulement.

PHILIPPE.

Mais puisque je vous dis que j'aime ma cousine!

JOULIN.

J'entends bien, j'entends bien. Sans vivre de lésine,
En plaçant tous les ans vingt mille francs au plus,

Vous rentrez, en douze ans, dans vos cent mille écus;
Vous revendez alors, si le repos vous tente;
Vous avez quarante ans, dix mille écus de rente,
Bon pied, bon œil, tout bon! et vous vous amusez.
Voilà, mon cher ami, ce que vous refusez.
Sur ce, bonsoir.

PHILIPPE.

Adieu!

JOULIN, va jusqu'à la porte, s'arrête et revient à Philippe.

Mais, animal stupide...
Car c'est exaspérant un pareil suicide!
Quel est votre projet, votre espoir, votre plan?
Je vous dis, à mon tour, faites votre bilan!

PHILIPPE.

J'attends tout du hasard et de ma patience.

JOULIN.

Innocent!... Croyez-en ma vieille expérience :
Le hasard ne peut pas en compte être passé.
Il vous faudra dix ans pour être un peu lancé,
Dix ans d'obscurité, de déboires, de gêne!
C'est par affection que je vous morigène...
Que vous preniez ou non mon étude, parbleu!
Le placement, mon cher, m'en embarrasse peu;
J'ai vingt occasions à retrouver pour une
De vendre à des gaillards, comme vous, sans fortune,
Car étant donnés l'âge et la position,
Je ne connais que vous de votre opinion.
Les autres savent bien qu'espérer autre chose
C'est se casser le nez contre une porte close,
Et qu'il n'est aujourd'hui de *Sésame ouvre-toi*

Qu'une dot bien sonnante avec ou sans remploi.
Aussi que cherchent-ils tous les gens de votre âge?
Que font-ils? Regardez : un riche mariage!
Et cela seul devrait suffire à vous prouver
Que c'est le seul moyen pratique d'arriver.

PHILIPPE.

Cela ne prouve rien, sinon que dans leur âme
Ceux-là n'ont jamais eu le culte d'une femme.

JOULIN.

Ceux-là, que vous traitez d'esprits froids et prudents.
Sont jeunes comme vous et comme vous ardents.
Croyez bien qu'ils ont eu leur jeunesse mutine,
Et qu'ils ont commencé par aimer leur cousine;
Car personne jamais n'a de gaîté de cœur
Rêvé le mariage en dehors du bonheur,
Et nous débutons tous par cette erreur commune
Que c'est un but, et non un moyen de fortune...
Mais la réalité, qui ne badine pas,
Vient nous prendre au collet et nous remettre au pas.
On résiste, on se cabre, on s'insurge, on s'indigne;
On jure, comme vous, de rester dans sa ligne;
Le désir se cramponne à son illusion;
Et quand on a laissé fuir mainte occasion,
Comme vous, et perdu deux ou trois ans en lutte,
Atteint et convaincu, l'on cède, on s'exécute!
Nous avons tous passé par là : vous y passez;
Mais au lieu de finir comme nous, commencez!
Eh bien? vous avez l'air abasourdi.

PHILIPPE.

J'écoute;

Vous m'ôtez mon dernier espoir, mon dernier doute;
Et puisqu'il faut choisir, que le choix est urgent
De vivre sans amour ou vivre sans argent,
Je n'hésite plus.

JOULIN.

Bien, mon cher, à la bonne heure!

PHILIPPE.

Plutôt que d'abdiquer mon amour, que je meure!
C'est lui qui me rachète à ma triste raison...
J'y tiens comme un captif à l'or de sa rançon!

SCÈNE IV.

LES MÊMES, MADAME HUGUET, en costume de voyage.

JOULIN, à madame Huguet.

Vous venez à propos.

PHILIPPE.

Silence devant elle!

MADAME HUGUET.

De quoi s'agit-il donc?

JOULIN.

Oh! d'une bagatelle!
Je propose à monsieur, mon étude, une dot,
Bref, six cent mille francs de fortune au bas mot,
Il refuse.

MADAME HUGUET.

Comment?

JOULIN.

Il aime sa cousine.

MADAME HUGUET.

Cyprienne?

PHILIPPE.

Eh bien, oui, c'est vrai.

MADAME HUGUET.

Bonté divine!

JOULIN.

Monsieur veut être pauvre... il le sera pardieu!
Il donne à la misère un beau denier à Dieu!

MADAME HUGUET.

A vingt-huit ans passés, ce n'est pas pardonnable!
Attendez quelques jours, il sera raisonnable.

JOULIN.

Il ne sera pas sourd peut-être à votre voix,
Madame; j'attendrai jusqu'à la fin du mois
Sans chercher d'acquéreur.

PHILIPPE.

Merci, c'est inutile.
Mon dernier mot est dit.

JOULIN.

Bah! l'homme est versatile.
Vous vous raviserez, je l'espère. Bonsoir,
Jeune premier... Madame, adieu.

MADAME HUGUET.

Jusqu'au revoir.

Joulin sort.

SCÈNE V.

PHILIPPE, MADAME HUGUET.

PHILIPPE.

Ma résolution, ma mère, est absolue,
Et toute remontrance est ici superflue.
Partant, épargnons-nous l'un à l'autre un débat
Qui nous irriterait tous deux sans résultat.

MADAME HUGUET.

Tu parles à ta mère.

PHILIPPE.

Oui, mais je suis en âge
De n'écouter que moi touchant mon mariage;
Et si tu veux ici me traiter en enfant,
J'aime mieux m'en aller que...

MADAME HUGUET.

Je vous le défend.
Restez, mon fils. — Ce ton de ma part vous étonne:
Voulez-vous me punir d'avoir été trop bonne,
En ne me rendant pas aux instants solennels
Ce que j'ai relâché de mes droits maternels?

PHILIPPE.

Pardon, mère, j'ai tort. Mais pourquoi cette lutte?
A des conseils tardifs pourquoi me mettre en butte?

MADAME HUGUET.

Quand je te nourrissais, malgré le médecin,
Cher ingrat, quelquefois tu refusais mon sein,
Et j'étais obligée à plus d'un artifice

Pour réconcilier l'enfant et la nourrice.
Hé bien, c'est mon conseil ici qui te déplaît?
Je te le dois pourtant, comme autrefois mon lait!
Ne te détourne pas.

PHILIPPE.

Au nom du ciel, ma mère,
Fais grâce à ton enfant de ta sagesse amère!
Les secrets de la vie à mon cœur sont mauvais:
Ils ont désenchanté tout ce que je rêvais,
Ils ont découragé ma jeunesse d'éclore;
Je n'en connais que trop... Garde ceux que j'ignore!

MADAME HUGUET.

Que je te laisse aller à l'abîme, au malheur?

PHILIPPE.

C'est ton ambition qui parle, et non ton cœur.

MADAME HUGUET.

Ah! mon ambition!... Oui, j'ai mis sur ta tête
Des espoirs orgueilleux dont je me faisais fête:
Mais le premier de tous, et le plus précieux,
N'en doute pas, mon fils, c'est de te voir heureux.

PHILIPPE.

Eh bien, je le serai, mère, par Cyprienne!
Je remplirai si bien ma vie avec la sienne,
Qu'il ne restera pas dans mes rêves secrets
De place aux vains désirs, non plus qu'aux vains regrets.
— Oh! tu vas m'accabler de ta phrase éternelle,
Que la pauvreté froide à l'amour est mortelle?
Si c'est vrai, ce ne l'est que pour les cœurs frileux
Qui n'ont pas un foyer assez puissant en eux :

Mais moi! moi, je me sens! je suis fils de mon père,
C'est son sang généreux qui bat dans mon artère,
Et je triompherai, comme il en triomphait,
Des angoisses du sort que je me serai fait.
J'ai pour m'encourager l'exemple de sa vie:
S'est-il pas marié comme je me marie?
Tu n'étais pas, je pense, un plus riche parti
Que Cyprienne : hé bien, s'en est-il repenti?
Oui, oui! baisse les yeux! Tu n'as rien à répondre,
Et ton exemple seul suffit à te confondre.

MADAME HUGUET.

Si jamais couple fier s'est vaillamment jeté
Dans ce rude labeur qu'on nomme pauvreté,
Ce fut ton père et moi. Nous pouvions l'un et l'autre
Former une union plus riche que la nôtre,
Et pour nous épouser nous avons, en vrais fous,
Refusé deux partis inespérés pour nous.
Comme nous nous aimions! comme nous étions braves!
Quel superbe dédain des mesquines entraves!
Nous n'admettions alors, comme vous aujourd'hui,
Ni bonheur sans l'amour, ni malheur avec lui.
Aussi quel heureux temps de joie et de courage,
D'exquise pauvreté dans notre humble ménage,
D'élégance frugale et de grâce et de soin,
Le seul luxe, en effet, dont l'amour ait besoin!

PHILIPPE.

Ah! je le savais bien, parbleu! que ta jeunesse
Serait le démenti de ta fausse sagesse!
Le bonheur domestique est le premier des biens.
Courage, souviens-toi, mère!

MADAME HUGUET.

Je me souviens.
La maternité vint bientôt.... Que te dirai-je?
Les riches ont vraiment un noble privilége
Que leur doit envier tout être intelligent,
Et qui donne raison à l'orgueil de l'argent :
C'est de pouvoir exclure et tenir à distance
Les détails répugnants et bas de l'existence,
Et de ne pas laisser leur contact amoindrir
Les grandeurs que la vie à l'homme peut offrir.
Par exemple, une mère est chez eux une femme
Dont la maternité ne fait qu'étendre l'âme;
Elle ne lui prend rien de son premier bonheur
Et le double, au contraire, en lui doublant le cœur.
C'est qu'elle a le loisir d'être encore une épouse;
Elle reste charmante, et de plaire jalouse;
L'office maternel qu'elle s'est réservé,
C'est de gâter l'enfant... par d'autres mains lavé.
Chez nous elle en devient l'esclave : elle abandonne
Les soins de son esprit et ceux de sa personne ;
La grâce disparaît d'elle et de sa maison,
Et l'amour suit la grâce, et l'amour a raison.

PHILIPPE.

Hé quoi? mon père alors t'aurait-il moins aimée?

MADAME HUGUET.

Non, le mot n'est pas juste. — Il m'a plus estimée.
Comprends-tu la nuance?

PHILIPPE.

Oui.

MADAME HUGUET.

Notre affection
Perdit en peu de temps sa fleur d'illusion.

PHILIPPE.

Eh bien, elle en devint plus ferme et sérieuse.
C'est là surtout que c'est chose victorieuse
Cet amour conjugal, cet amour où les cœurs
Se donnent tous leurs fruits après toutes leurs fleurs.

MADAME HUGUET.

Deux ans après ta sœur vint au monde. Ton père
Gagnait quinze cents francs alors au ministère,
Qui nous faisaient, avec nos revenus à nous,
Six mille cinq-cents francs pour joindre les deux bouts.
Ma santé m'empêchant de remplir mon office,
Il fallut à l'enfant donner une nourrice.
Tu grandissais toi-même et coûtais déjà cher.
Pour nous commence alors la pauvreté de fer,
Non plus l'inélégance avec le nécessaire,
Mais la misère...

PHILIPPE.

Hé quoi...

MADAME HUGUET.

N'est-ce pas la misère,
La pire, celle-là qui vole à ses besoins
De quoi se déguiser aux regards des témoins,
Et qui sous peine, hélas! d'être une déchéance,
Doit rogner sur son pain pour nourrir l'apparence?
Lutte de tous les jours dans laquelle l'esprit
En menus désespoirs se fatigue et s'aigrit!

PHILIPPE.

Assez.

MADAME HUGUET.

Fatalement il change d'habitude:
De la parcimonie il se fait une étude;
Les petits intérêts qu'il méprisait jadis
L'absorbent peu à peu, par le besoin grandis;
Et les nobles élans, les sublimes chimères
Qui nous ont amenés à ces heures amères,
Se trouvent remplacés au cœur désenchanté
Par un âpre regret de ce qu'ils ont coûté.
Un jour ton père...

PHILIPPE.

Assez, de grâce! — Un jour mon père?

MADAME HUGUET.

Ton père un jour rentra plus froid qu'à l'ordinaire,
Et d'un air singulier regardant mes habits:
« Prends donc plus soin de toi, me dit-il, tu vieillis... »
Il venait d'entrevoir, riche, heureuse et soignée,
La femme qu'autrefois il avait dédaignée!

PHILIPPE.

Au nom du ciel, tais-toi!

MADAME HUGUET.

Je ne l'accuse pas:
Ce fut sa seule plainte en vingt ans de combats!
Mais qu'importe la forme, hélas! Ce dur reproche
De la désunion était le coup de cloche!

PHILIPPE.

Ce n'est pas vrai! tu veux... Vous vous aimiez toujours!

Tu veux me détourner par tes sombres discours...
Mais contre ton récit tout mon être proteste;
Ma Cyprienne! un ange! une fille céleste!
Non, non! pour mon bonheur le ciel qui la forma...

MADAME HUGUET.

J'étais un ange aussi quand ton père m'aima,
Et je suis devenue au souffle des misères
Un être positif comme un homme d'affaires!
Ce que la pauvre enfant deviendrait, tu le vois!
Il ne me reste rien de mon cœur d'autrefois...
Hors l'amour maternel qu'aucun souffle n'effleure,
Et c'est lui seul qui parle et t'exhorte à cette heure!
Au nom de mes travaux, au nom de mes ennuis,
Par tout ce que j'étais et par ce que je suis,
Ne t'aventure pas dans cette rude vie
Où mon âme à ce point s'est usée et meurtrie!
Enfin songe à tes fils! affranchis-les, crois-moi,
Du joug que notre erreur appesantit sur toi;
Et qu'ils aiment un jour sans que leur pauvre mère
Leur doive les leçons d'une sagesse amère.
Ne leur prépare pas pour un moment pareil
Ce terrible récit, ce terrible conseil!

PHILIPPE.

Que tu me fais de mal!

MADAME HUGUET.

Je le sais, et j'en souffre...
Mais il faut avant tout te retirer du gouffre.
Sache souffrir un jour pour être heureux plus tard.
Quelle hésitation reste dans ton regard?
Ne te sens-tu pas pris dans un cercle inflexible,

Quand ton amour te rend la fortune impossible,
Et que d'autre côté par un cruel retour
Ta pauvreté te rend impossible l'amour?
Qui t'arrête? la peur d'affliger Cyprienne?
Mais sa vie est en jeu tout autant que la tienne!
Je parle pour tous deux, mon fils! Vous ne serez
Et vous ne pouvez être heureux que séparés!

SCÈNE VI.

LES MÊMES, CYPRIENNE, HUBERT, MATHILDE.

HUBERT, à madame Huguet.

L'heure avance : êtes-vous prête à partir, madame?

MATHILDE.

Cyprienne d'abord de Philippe réclame
Un conseil qu'elle veut méditer en chemin.

PHILIPPE.

Quoi?

CYPRIENNE.

Monsieur Mamignon a demandé ma main.

PHILIPPE.

Mamignon!...

HUBERT.

Oui, chacun la presse en sens contraire.

CYPRIENNE.

J'hésite, et je m'adresse à toi comme à mon frère.

MATHILDE.

Départage-nous.

MADAME HUGUET.

Parle! Elle hésite.

HUBERT.

Réponds!

Tous les regards sont fixés sur Philippe avec anxiété.

PHILIPPE, après un silence.

Je n'ai pas de conseil à lui donner.

HUBERT, saisissant le bras de Cyprienne.

Partons!

Mathilde lui prend l'autre bras; ils la conduisent vers la porte. Madame Huguet s'approche de Philippe qui est resté immobile et les yeux baissés; elle lui prend la main, mais il la repousse. Elle sort avec les autres. Philippe, resté seul, tombe sur un fauteuil en sanglotant.

FIN DU QUATRIÈME ACTE.

ACTE CINQUIÈME

Une lisière de bois traversée par un ruisseau. Par une échappée au fond, on voit des plaines de blé en herbe en plein soleil.

SCÈNE PREMIÈRE.

MADAME HUGUET, HUBERT, MATHILDE, CYPRIENNE.

MADAME HUGUET, regardant sa montre.

La poste est en retard.

HUBERT.

Oui, d'une heure à peu près.
Le piéton prend courage à tous les cabarets;
Il retarde toujours d'un litre et d'une croûte.
Nous sommes embusqués au surplus sur sa route.

MATHILDE.

J'ai le pressentiment d'une lettre aujourd'hui.

MADAME HUGUET.

Nous laisser si longtemps sans nouvelles de lui!
Mon fils, si ponctuel, si soigneux d'habitude!

HUBERT.

Dame! on n'achète pas tous les jours une étude.

MATHILDE, montrant Cyprienne qui s'éloigne.

Ne parlez pas de lui devant la pauvre enfant.

HUBERT.

Quand je vois sa douleur, morbleu! mon cœur se fend.

MADAME HUGUET.

Le mien aussi. Mais quoi! nul chagrin n'est durable,
Et la pauvreté seule est un mal incurable.

HUBERT.

Belle morale! — Hé bien, c'est ainsi qu'à Paris
Sont contraints de penser les plus sages esprits;
La cause? Encombrement des carrières civiles!
La cause? Emportement de nos champs vers les villes,
Des villes vers Paris! — Le fermier, de son fieu
Fait orgueilleusement un robin de chef-lieu;
Le robin, enhardi par un succès facile,
Envoie imprudemment son fils dans la grand'ville;
La France s'y bouscule; et le Parisien
Après s'être épuisé pour vivre dit au sien:
« Je ne peux rien pour toi, la route est obstruée.
« Si tu n'es pas de force à faire ta trouée,
« Il faut te faufiler, être mince et glissant,
« Autour de toi ne rien garder d'embarrassant,
« Et me crever d'abord toutes ces boursouflures
« De jeunesse et d'amour qui gênent tes allures.
« Courage, mon garçon! de toi-même vainqueur,
« Pour faire argent de tout, commence par ton cœur!
« Sois malheureux plutôt que d'être misérable,
« Car la pauvreté seule est un mal incurable. »

MADAME HUGUET.

Je déplore avec vous un tel encombrement;
Mais trouvez un moyen d'en sortir autrement!

MATHILDE.

Et comment se fait-il, voilà ce que j'admire,
Qu'aucun père à son fils ne s'avise de dire:

« Paris est encombré de hardis compagnons :
« Retourne aux champs déserts, aux champs d'où nous venons;
« Portes-y ta jeunesse et tes saines idées ;
« Qu'elles jouissent là de leurs franches coudées,
« Et, qu'au lieu d'épuiser en d'arides travaux
« La source des vrais biens pour en payer de faux,
« Loin des servilités dont la ville te somme,
« Tu puisses te donner le luxe d'être un homme! »

MADAME HUGUET.

Veux-tu dire par là que Philippe aujourd'hui
Ferait mieux de placer en biens fonds...?

HUBERT.

Cent fois oui.

MADAME HUGUET.

Mais il serait plus pauvre encore, car la terre
Ne rapporte que trois.

HUBERT.

A son propriétaire:
Plus quatre à son fermier, quelquefois cinq et plus;
Ce qui fait huit ou neuf, s'il n'est pas trop obtus.

MADAME HUGUET.

Vous me croyez aussi par trop Parisienne;
Quelle terre a jamais rendu neuf?

HUBERT.

Mais... la mienne;
Et j'en connais une autre à vendre qui la vaut.

MADAME HUGUET.

Tout cela n'entre pas très-bien dans mon cerveau;
Mais qu'il se fasse ici neuf mille francs de rente,

Je l'admets : à Paris il s'en fera quarante.

MATHILDE.

Crois-tu qu'il en sera plus riche?

MADAME HUGUET.

Oui, je le crois.

MATHILDE.

Sur nos neuf mille francs nous en épargnons trois.

MADAME HUGUET.

Bah?

MATHILDE.

Rien ne coûte ici des choses de la vie;
Notre table est toujours abondamment servie :
C'est la chasse qui paie, avec la basse-cour.
Nous avons neuf chevaux, des chevaux de labour
Si tu veux, mais qui vont encore à la voiture,
Et même n'y font pas trop mauvaise figure.
Nous avons cinq valets, valets de ferme, soit!
Mais dont le dévouement à rien n'est maladroit.
Le pain se fait chez nous, et chez nous la lessive;
Et la terre est si bonne envers qui la cultive,
Qu'elle nous donne encore, outre tous ses produits,
Notre provision de bois, de vin, de fruits.
Enfin notre maison est assez spacieuse
Pour laisser croître en paix la plante précieuse,
Celle qui manque d'air sous vos plombs étouffants,
L'ornement du foyer, le respect des enfants.
Mon pauvre frère, avec le produit de sa charge,
Aura-t-il à Paris une vie aussi large?

MADAME HUGUET.

Il n'est pas fait pour vivre en paysan... pardon,

Le mot m'est échappé, cher Hubert.

HUBERT.

Faites donc.

MADAME HUGUET.

Il lui faut une vie élégante, une vie
Intellectuelle.....

HUBERT.

Oui, qui lui sera servie,
Parlons-en !

MADAME HUGUET.

La fortune...

HUBERT.

Est un leurre en ce cas!
Sa femme aura du luxe et lui n'en aura pas.
Elle passe son temps, pour se tenir en joie,
A lire des romans sur des meubles de soie;
Quant au pauvre avoué, son riche appartement
Ne lui sert que la nuit... à dormir seulement.
Il habite le jour dans un cabinet sombre
Que de sa nudité la paperasse encombre;
Esclave d'un client ergoteur et mesquin,
Trop heureux s'il n'a pas à servir un coquin,
Il passe une moitié du jour en robe noire,
Triste harnais, et l'autre autour d'une écritoire;
Enfin, par la fatigue au manœuvre pareil,
Quand il rentre le soir pour son riche sommeil,
Dans ce lit sans amour, dont le luxe l'irrite,
Il se trouve indigent et s'endort au plus vite.

MADAME HUGUET.

A l'entendre on dirait, ma parole d'honneur,

Qu'il vit d'oisiveté tout comme un grand seigneur!

HUBERT.

Non, madame; mais moi, je passe mes journées
A la fraîche senteur des terres retournées;
Aux prochaines moissons travaillant avec Dieu,
Des puissances d'en bas je m'inquiète peu:
Toute servilité de ma vie est exclue,
Et mes blés mûriront sans que je les salue.
Comment le temps charmé passe-t-il? Je ne sais!
Ma journée est trop courte à tout ce que je fais.
Je rapporte à ma femme heureuse et souriante
La fatigue des champs saine et fortifiante,
Et riche le matin, le soir plus riche encor,
Sur mon frais oreiller j'admire mon trésor.

MATHILDE, à madame Huguet.

Que réponds-tu?

MADAME HUGUET.

Mon Dieu, vous me troublez la tête.
A ces discussions, moi, je ne suis pas prête.

MATHILDE.

Tu cherchais une issue à l'enfer de Paris;
On t'en montre une et c'est la seule.

MADAME HUGUET.

A ton avis.

HUBERT.

N'en doutez pas, madame, et qu'un jour cette issue
De tous les bons esprits ne doive être aperçue.
Montrons-en le chemin à ce siècle emporté:
C'est là qu'est le salut de la société.
Remettez en honneur le soc de la charrue,

Repeuplez la campagne aux dépens de la rue;
Grevez d'impôts la ville et dégrevez les champs,
Ayez moins de bourgeois et plus de paysans;
Alors...

MATHILDE.

De nos moutons c'est assez nous distraire,
O grand législateur! — Revenons à mon frère.
A madame Huguet.
Voyons : pour lui donner la femme de son choix,
Te contenterais-tu, ma mère, pour vous trois
De dix-huit mille francs de rente à la campagne?

MADAME HUGUET.

Si c'est, comme tu dis, un pays de cocagne...

MATHILDE.

C'est comme je le dis. — Vous avez entre vous
Deux cent mille francs?

MADAME HUGUET.

Oui.

MATHILDE, à Hubert.

Porte les derniers coups.

HUBERT.

La terre des Cormiers qui touche à mon domaine
Est à vendre à ce prix depuis une semaine.
On en trouverait plus pour peu qu'on attendît,
Mais le propriétaire est à bout de crédit;
Il lui faut de l'argent comptant. C'est une affaire
Superbe, un marché d'or : consentez à le faire.

MADAME HUGUET.

Mais...

MATHILDE.

Cyprienne meurt de chagrin sous tes yeux,
Et crois-tu que là-bas Philippe soit joyeux?

MADAME HUGUET, à Hubert.

Eh bien, écrivez-lui, mon ami; qu'il prononce

HUBERT.

C'est fait depuis deux jours et j'attends sa réponse

MADAME HUGUET.

Quoi! sans me consulter?

HUBERT.

Oui. — Voici le facteur.

Entre le piéton de la poste.

Bonjour. Je dois avoir une lettre.

LE PIÉTON, ouvrant sa boite.

Oui, monsieur.
Port franc. Salut messieurs, mesdames, compagnie.

Il traverse la scène et sort.

HUBERT, ouvre vivement la lettre, la lit et la froisse.

Tonnerre!

MATHILDE.

Qu'est-ce donc?

HUBERT.

C'est son mauvais génie!

A Mathilde.

Tiens, lis.

A madame Huguet.

Il n'a reçu ma lettre que trop tard.
Il avait déjà fait un appel au hasard.

Il venait de Hombourg...

MADAME HUGUET.

Comment ?

HUBERT.

Où la roulette
De tout ce qu'il possède a fait rafle complète.

MADAME HUGUET.

Le malheureux ! Qui donc l'a pu conduire au jeu ?

HUBERT.

Ah ! vous le demandez ? Vos maximes, parbleu !

MATHILDE, lisant.

« Que risqué-je après tout, pensais-je ? Si je gagne,
« Me voilà riche assez pour choisir ma compagne ;
« Si je perds, je deviens assez pauvre dès lors
« Pour accepter la dot qu'on m'offre, sans remords. »

HUBERT.

Il accepte en effet ! Il vient chercher sa mère
Pour faire la demande à son futur beau-père...
Triple lâche !

MADAME HUGUET.

Pourtant, puisqu'il n'a plus un sou,
Il ne peut pas se mettre ici la corde au cou.

HUBERT.

Qu'a-t-il encor besoin de venir ?

MADAME HUGUET.

Je redoute,
Et Philippe le sait, de me voir seule en route.

HUBERT.

Enfin n'en parlons plus. Voilà le nœud tranché,

Et votre fils, je crois, n'en est pas plus fâché.
Qu'il s'arrange à présent. En ce qui me concerne,
Je ne m'en mêle plus. Je vais voir ma luzerne.

Il sort par le fond.

SCÈNE II.

MATHILDE, MADAME HUGUET.

MADAME HUGUET.

Quand vient-il?

MATHILDE.

Il écrit de l'envoyer chercher
Aujourd'hui même.

MADAME HUGUET.

Eh bien, il faut se dépêcher.

MATHILDE.

Mais, maman, le retard du facteur me déroute;
Je pense que Philippe est maintenant en route.

MADAME HUGUET.

A pied?

MATHILDE.

Sans doute, à pied. N'est-il pas bon marcheur?
La station n'est pas très-loin.

MADAME HUGUET.

Par la chaleur?
Pauvre garçon!

MATHILDE.

Veux-tu, malgré tout, qu'on attelle?

MADAME HUGUET.

Qu'on le rencontre au moins en chemin. Viens, ma belle.

Elles sortent à droite. La scène reste vide un moment. Philippe entre par le fond.

SCÈNE III.

PHILIPPE, seul.

J'approche... arrêtons-nous sous ce bois un moment.
Je suis comme enivré d'air et de mouvement;
Il semble, traversant les campagnes sonores,
Que le printemps pénètre en moi par tous les pores!
Tout le long du chemin les beaux jours oubliés
Comme un vol de perdrix se levaient sous mes pieds;
Ici même, oui, c'est là, je reconnais la place,
C'est là qu'un soir d'été Cyprienne un peu lasse...
Comme elle se troubla lorsque je la surpris
Baignant dans le flot clair ses petits pieds meurtris!
Ce jour fit dans mon cœur une métamorphose,
Et je crois voir encor dans l'eau ce marbre rose!...
Est-ce pour m'accuser de lui manquer de foi
Que ma jeunesse ainsi se dresse devant moi?
Hélas! il est trop tard, laisse-moi, doux fantôme!
Aux basses régions j'ai choisi mon royaume.
— Allons! pas d'élégie! en route. Le printemps
N'est pas un conseiller à prendre en notre temps.

SCÈNE IV.

PHILIPPE, CYPRIENNE.

PHILIPPE, à part.

Cyprienne!

CYPRIENNE, à part.

Ah! mon Dieu!

PHILIPPE.

Tu ne m'attendais guère.

CYPRIENNE.

Non, en vérité, non.

PHILIPPE.

Je viens chercher ma mère.

CYPRIENNE.

La maison est par là.

PHILIPPE.

Je sais bien. Je souffrais
De la chaleur du jour, et faisais halte au frais.

CYPRIENNE.

Je vais donc t'annoncer.

PHILIPPE.

Non... je reprends ma course.
Ce qui m'arrêtait là, regarde... c'est la source.
Te souvient-il...?

CYPRIENNE.

A quand ton mariage?

PHILIPPE.

Hélas!

Mon mariage!

CYPRIENNE.

Est-il prochain?

PHILIPPE.

Je ne sais pas.

CYPRIENNE.

Comment est la future?

PHILIPPE.

Oh! ni laide ni belle.

CYPRIENNE.

Mais très-bonne, sans doute, et très-spirituelle?

PHILIPPE.

Je l'ai vue une fois à peine.

CYPRIENNE.

Quelle dot?

PHILIPPE.

Cent mille écus.

CYPRIENNE.

Voilà beaucoup dire en un mot.
Avec cent mille écus une jeune personne
Est, sans plus d'examen, aussi belle que bonne.
Ce mariage-là n'a rien d'aventureux.
Je te fais compliment. Tu seras très-heureux.

PHILIPPE.

Tu me méprises!

CYPRIENNE.

Moi?

PHILIPPE.

Je pourrais me défendre;

Mais tu n'as pas assez vécu pour me comprendre.

CYPRIENNE.

Ah! je demande à Dieu de ne pas vivre assez
Pour comprendre jamais tes calculs insensés!
Va, mes illusions me font moins de mensonges
Que les réalités auxquelles tu te plonges;
Leurs déceptions même et leurs déchirements
Sont plus près du bonheur que tes contentements,
Car ce qu'il te convient d'appeler la sagesse
N'est que la cicatrice, hélas! de ta jeunesse,
Et tu me fais l'effet de ces lâches soldats
Qui pour ne pas servir se mutilent un bras!

PHILIPPE.

Ton mépris a raison, je suis un misérable!
Je pouvais épouser une fille adorable,
J'aimais, j'étais aimé..., j'aurais pu l'être au moins
J'avais de quoi suffire à nos premiers besoins,
De quoi même être heureux et riche à la campagne!
Puisqu'en effet Paris pour le pauvre est un bagne...
Dieu m'accordait ainsi plus qu'il ne m'était dû;
Mais j'ai voulu doubler mon lot, j'ai tout perdu!

CYPRIENNE.

Que veux-tu dire?

PHILIPPE.

Quoi? ne sais-tu rien encore?
N'aurait-on pas reçu ma lettre?

CYPRIENNE.

Je l'ignore.

PHILIPPE.

Eh bien! le jeu m'a pris — pris en un tour de main —

Cinquante mille francs, tout mon avoir, mon pain.

CYPRIENNE.

Quel besoin avais-tu de faire une fortune,
Puisque ton mariage allait t'en donner une?

PHILIPPE.

Je voulais me garder à celle que j'aimais,
Et je la perds ainsi, je la perds à jamais!

CYPRIENNE.

Vraiment, c'est un beau trait de tendresse et d'audace
Que de l'avoir ainsi jouée à pile ou face!
Mais ne regrette pas de n'avoir pas gagné :
Pour peu qu'elle soit fière, elle aurait dédaigné
Cet hommage d'un cœur qui consent à soumettre
Son amour au hasard plutôt que son bien-être.

PHILIPPE.

C'est vrai! J'étais un lâche et je m'en aperçoi!
Et moi qui croyais faire un grand acte de foi!
Moi qui m'imaginais payer à ce que j'aime
L'héroïque tribut d'une lutte suprême!

CYPRIENNE.

Le croyais-tu, Philippe?

PHILIPPE.

Ah! tu peux en douter!
C'est vrai! je t'ai donné droit de tout suspecter!

CYPRIENNE, après un silence, très-émue.

Tu l'aimais donc vraiment la pauvre abandonnée,
Pour avoir tant lutté contre sa destinée?
L'adieu désespéré que tu lui fais ainsi
Doit mettre un peu de baume à son cruel souci...

C'est bien! tu lui devais cette dernière preuve,
Fiancé de son cœur dont elle reste veuve;
Et dans sa solitude un noble souvenir
Du rêve mutuel pourra l'entretenir!

PHILIPPE.

Non, non, qu'elle m'oublie. En mon aveugle rage
Contre mon amour seul j'ai trouvé du courage!
Insensé! le bonheur sur mon fatal chemin
Me demandait l'aumône en me tendant la main,
Et je ne reconnais le mendiant sublime
Qu'après avoir ouvert entre nous un abîme.
J'ai mérité mon sort, moi! — Mais ce cœur charmant
Sur qui par contre-coup tombe mon châtiment,
Puisse-t-il me haïr!

CYPRIENNE.

Te haïr! toi? mon frère!
O Philippe, ma part de bonheur sur la terre
Je ne demande à Dieu que de te la donner!
Va! j'étais dès longtemps prête à te pardonner.
Puisse cette étrangère à qui tu t'associes
Faire mentir un jour mes tristes prophéties;
Près d'elle puisses-tu goûter quelque douceur,
Et je la chérirai comme ma propre sœur!
Tout mon amour éteint dans ce vœu se résume,
Et je viens d'épancher ma dernière amertume.
Je te parle à présent d'un cœur bien affermi :
Donne la main, Philippe, à ton meilleur ami.

Elle lui tend la main; Philippe la prend en baissant les yeux, et après un moment d'hésitation, attire Cyprienne dans ses bras.

PHILIPPE.

Cyprienne! ô mon âme, ô mon trésor céleste!

Je t'aime éperdument; que m'importe le reste!

CYPRIENNE, se dégageant.

Laisse-moi!

PHILIPPE.

Non, non, non! à toi de triompher.
C'est trop souffrir, c'est trop me vaincre et m'étouffer!
Que l'incendie éclate et qu'il me purifie
De tout ce qui n'est pas ta pensée, ô ma vie!
Ah! quelle volupté, quel sauvage plaisir
De se jeter à corps perdu dans son désir!
Chère femme!

CYPRIENNE.

Tais-toi!...

PHILIPPE.

Je t'aime, oh oui, je t'aime!

CYPRIENNE.

Non... ne t'engage pas... es-tu sûr de toi-même?

PHILIPPE, se jetant à ses pieds.

Regarde dans mes yeux si je mens!

CYPRIENNE, très-troublée.

Lève-toi...
Allons-nous-en d'ici...

PHILIPPE.

Non, reste, réponds-moi...
Dis moi que tu consens à devenir ma femme,
Ma Cyprienne!

CYPRIENNE.

Attends de voir clair dans ton âme.

Peut-être que demain tu le regretteras
Ce moment d'abandon...

PHILIPPE.

Jamais! jamais!

CYPRIENNE.

Hélas!
Je donnerais beaucoup pour te croire, et je n'ose.

PHILIPPE.

Quel serment te faut-il de ma métamorphose?
Eh bien! par la beauté de la terre et des cieux,
Par le printemps en fleurs, par l'été radieux...
Mais non, par ma jeunesse à la fin déchaînée...
Non, non! par tes douleurs, ô douce résignée,
Je jure qu'il n'est plus ce vieillard, ce pervers
Qui cherchait d'autres biens que toi dans l'univers!
Moi, je suis un jeune homme heureux et sans envie,
Ne demandant à Dieu que de gagner ta vie,
Et défiant le sort d'atteindre son bonheur
Enfoui désormais tout entier dans ton cœur.
Me crois-tu maintenant?

Elle lui tend la main en souriant.

Soyez témoins pour elle,
Bois pleins d'ombre et de mousse où rit la tourterelle

CYPRIENNE.

Soyez témoins pour lui, vous qui portez conseil,
O champs laborieux sous le poids du soleil!

PHILIPPE.

Qu'ainsi soit notre vie à la fois rude et douce:
Je serai la moisson, toi l'ombrage et la mousse.

MADAME HUGUET, *dans la coulisse.*

Cyprienne!

CYPRIENNE

On me cherche.

HUBERT, *dans la coulisse.*

Oh! Cyprienne!

PHILIPPE.

Ici!

CYPRIENNE.

Allons à leur rencontre.

PHILIPPE.

A quoi bon? les voici.
Avant que l'on n'arrive, un baiser, ma chère âme!

CYPRIENNE.

Je ne suis plus ta sœur, et ne suis pas ta femme.

PHILIPPE.

Rien qu'un baisèr au front doublement chaste et doux,
Un adieu pour le frère, un serment pour l'époux!

CYPRIENNE.

Le voici, cher Philippe, et c'est moi qui le donne.

Philippe met un genou en terre, Cyprienne l'embrasse au front; entrent madame Huguet, Mathilde et Hubert.

SCÈNE V.

LES MÊMES, HUBERT, MATHILDE, MADAME HUGUET.

HUBERT.

Ah! le brave garçon!

CYPRIENNE, à madame Huguet.

O ma mère, pardonne!
Tu le voulais heureux autrement.

MADAME HUGUET.

Il est vrai.

PHILIPPE.

Pourvu que je le sois, mère!... et je le serai.

MADAME HUGUET.

Ce que tu n'osais pas faire avant ta ruine...

PHILIPPE.

Je le fais après, oui. Mais touche ma poitrine!
Il m'est revenu là de quoi me tenir chaud
Depuis que j'ai perdu l'argent de mon manteau.

HUBERT.

Bien, Philippe. Suivons l'ordre de la nature;
Réglons nos vêtements sur la température;
La jeunesse et l'été n'ont pas besoin d'habit,
Puisqu'ils ont le soleil et l'amour au zénith;
Qu'ils gardent simplement les moutons dans la plaine,
La vieillesse et l'hiver trouveront de la laine.

MADAME HUGUET.

Ils vont recommencer ma vie!

MATHILDE.

Eh bien! après?
Parmi tes souvenirs n'as-tu que des regrets?
* Quand ton bonheur n'aurait duré qu'une journée[1],

1. Les vers marqués d'un astérisque ne se disent pas à la représentation.

* Il ne faudrait pas plaindre encor ta destinée;
* Car elle fut plus belle et meilleure d'un jour
* Que celle des heureux à qui manqua l'amour.
* De tes conseils d'ailleurs tu m'avais secourue;
* M'est-il mal advenu de ne t'avoir pas crue?

MADAME HUGUET.

* Tu vis à la campagne, et lui n'a plus de quoi
* Faire ce marché d'or qu'Hubert...

HUBERT.

* Je suis là, moi!
* Cinquante mille francs sont-ils la mort d'un homme?
* J'hypothèque ma terre et lui prête la somme.

MATHILDE.

* Es-tu bon!

PHILIPPE.

* Cher Hubert!

HUBERT.

* Bah! je ne risque rien;
* Tu peux me rembourser en cinq ans sur ton bien.
Allons à la maison terminer la journée,
Et chantons comme en Grèce : Hyménée! hyménée!

PHILIPPE, à madame Huguet.

* Ne te désole pas.

MADAME HUGUET.

Je ne formais qu'un vœu,
* C'était votre bonheur. — Je m'en remets à Dieu.

FIN.

PARIS. — IMPRIMERIE DE J. CLAYE, RUE SAINT-BENOIT, 7.

EN VENTE CHEZ LES MÊMES ÉDITEURS

PIÈCES DE THÉATRE

Belle édition, format grand in-18 anglais.

F. PONSARD. f. c.

Lucrèce, tragédie 1 50
Agnès de Méranie, tragédie 1 50
Charlotte Corday, tragédie 1 50
Horace et Lydie, comédie .... 1 »
Ulysse, tragédie .... 2 »
L'Honneur et l'Argent, com. .... 2 »
La Bourse, comédie .... 2 »

ÉMILE AUGIER.

Gabrielle, comédie .... 2 »
La Ciguë, comédie 1 50
L'Aventurière, comédie 1 50
L'Homme de bien, comédie 1 50
L'Habit vert, proverbe .... 1 »
La Chasse au Roman, comédie 1 50
Sapho, opéra .... 1 »
Diane, drame .... 2 »
Les Méprises de l'Amour, com. 1 50
Philiberte, comédie 1 50
La Pierre de touche, comédie. 2 »
Le Gendre de M. Poirier, com.. 2 »
Ceinture dorée, comédie 1 50
Le Mariage d'Olympe, com.... 1 50
La Jeunesse, comédie .... 2 »

GEORGE SAND.

Le Démon du Foyer, comédie.. 1 50
Le Pressoir, drame .... 2 »
Les Vacances de Pandolphe, c.. 2 »

EUGÈNE SCRIBE.

La Czarine, drame .... 2 »
Feu Lionel, comédie 1 50

MÉRY.

Gusman le Brave, drame .... 2 »
Le Sage et le Fou, comédie.. 1 50
Le Chariot d'Enfant, drame... 2 »
Aimons notre prochain, com... 1 »

HENRY MURGER.

La Vie de Bohême, comédie.. 1 »
Le Bonhomme Jadis, comédie. 1 »

JULES SANDEAU.

Mademoiselle de la Seiglière, c. 1 50

LOUIS BOUILHET.

Madame de Montarcy, drame. 2 »

P.-J. BARBIER.

Un Poëte, drame .... 2 »
André Chénier, drame .... 1 »
L'Ombre de Molière, à-propos. » 75
Le Berceau, comédie .... 1 »

ERNEST LEGOUVÉ.

Par droit de Conquête, comed. 1 50
Le Pamphlet, comédie .... 1 »

VICTOR SÉJOUR.

Richard III, drame .... 2 »
Les Noces vénitiennes, drame.. 2 »
André Gérard, drame .... 2 »

OCTAVE FEUILLET.

Le Pour et le Contre. comédie. 1 »
La Crise, comédie 1 50
Péril en la demeure, comédie.. 1 50
Le Village, comédie .... 1 »
La Fée, comédie .... 1 »
Dalila, drame 1 50

AUGUSTE MAQUET. f. c.

La Belle Gabrielle, drame .... 2 »

ALEX. DUMAS FILS.

La Dame aux Camélias, drame. 1 50
Diane de Lys, drame 1 50
Le Demi-Monde, comédie .... 2 »

Mme ÉMILE DE GIRARDIN.

Lady Tartufe, comédie .... 2 »
C'est la faute du Mari, com.. 1 »
La Joie fait peur, comédie 1 50
Le Chapeau d'un Horloger, c.. 1 50
Une Femme qui déteste son Mari, comédie .... 1 »
L'Ecole des Journalistes, com.. 1 »

LÉON GOZLAN.

Le Gâteau des Reines, comédie. 2 »
La Famille Lambert, comédie. 1 »
Un petit bout d'Oreille, com... 1 »

MARIO UCHARD.

La Fiammina, comédie .... 2 »

PAUL MEURICE.

L'Avocat des Pauvres, drame. 2 »

ROGER DE BEAUVOIR.

La Raisin, comédie 1 50

P. FOUCHER ET REGNIER.

La Joconde, comédie .... 2 »

PAUL DE MUSSET.

La Revanche de Lauzun, com.. 1 50
Christine roi de Suède, coméd. 1 50

CHARLES EDMOND.

La Florentine, drame 1 50

ADOLPHE DUMAS.

L'Ecole des Familles, comédie. 1 »

ERNEST SERRET.

Les Familles, comédie 1 50
Que dira le Monde? comédie. 2 »
Un mauvais Riche, comédie.. 2 »
L'Anneau de Fer, comédie 1 50

ÉDOUARD FOUSSIER.

Une Journée d'Agrippa, com. 1 50
Le Temps perdu, comédie 1 50

LATOUR DE SAINT-YBARS.

Rosemonde, tragédie .... 1 »

LÉON LAYA.

Les Jeunes Gens, comédie 1 50
Les Pauvres d'esprit, comédie.. 1 50

LE MARQUIS DE BELLOY.

Pythias et Damon, comédie.... 1 »
Karel Dujardin, comédie .... 1 »

J. AUTRAN.

La Fille d'Eschyle, tragédie..... 1 50

ARMAND BARTHET.

Le Moineau de Lesbie, com.... 1 »
Le Chemin de Corinthe, com... 1 50

CHARLES POTRON.

Un Feu de Paille, comédie.... 1 »

MICHEL CARRÉ.

Scaramouche et Pascariel, c... » 75

ARSÈNE HOUSSAYE.

La Comédie à la Fenêtre, c.. 1 »

AUGUSTINE B...

Les Métamorphoses de ... comédie ...

J. DE PR...

Les Droits de l'Homme ...
La Boulangère a des écus ...

RAOUL BR...

Louise Miller, drame ...

TH. DE BA...

Le beau Léandre, com...
Le Cousin du Roi, com...

DUMAN...

L'École des Agneaux, co...
Le Camp des Bourgeoi...

TH. BARRI...

Les Faux Bonshommes ...
Les Fausses Bonnes Fem...
Les Filles de Marbre ...

PAGÉSIS ET DE CH...

Comment la Trouvez-...

ÉDOUARD ...

Struensée, drame ...

H. LUC...

Médée, tragédie ...

DUHOMME ET S...

La Servante du Roi ...

FERDINAND D...

France de Simiers, dra...
William Shakspeare, dr...

DANIEL ST...

Jeanne d'Arc, drame ...

CAMILLE DO...

Les Bourgeois de la M...
Le Fruit défendu, com...

DECOURCELLE, TH...

Je dîne chez ma Mère ...

VICTORIEN SA...

La Taverne, comédie ...

ÉDOUARD PLO...

Le Sang mêlé, drame ...
Trop Beau pour rien f...

TH. MURE...

Michel Cervantès, dra...

CHARLES ...

Le dernier Crispin, com...

EDMOND COTT...

L'Avoué par amour, com...

LAUDIER...

Les Bâtons flottants, ...

F. BECHARD.

Les Déclassés, comédie ...

CHARLES DE COU...

Le Chemin le plus long ...

E. ET H. CREMI...

Fiesque, drame ...

EUGÈNE DE STA...

Le Bois de Daphné, pièce ...

RENÉ CLÉME...

L'Oncle de Sycione, comé...

MAZÈRES...

La Niaise, comédie ...
Le Collier de Perles, com...

Paris. — Imprimerie de A. Wittersheim, 8, rue Montmorency.

www.ingramcontent.com/pod-product-compliance
Ingram Content Group UK Ltd.
Pitfield, Milton Keynes, MK11 3LW, UK
UKHW021052260726
13994UKWH00002B/521